U0686429

中国书籍社科丛刊
第一辑

"一带一路"海外投资保险创新模式及实施路径研究

王雅婷 ｜ 著

中国书籍出版社
China Book Press

图书在版编目（CIP）数据

"一带一路"海外投资保险创新模式及实施路径研究/
王雅婷著.--北京：中国书籍出版社，2024.11.
ISBN 978-7-5241-0155-0

Ⅰ.F832.6

中国国家版本馆 CIP 数据核字第 2024QD9780 号

"一带一路"海外投资保险创新模式及实施路径研究

王雅婷　著

责任编辑	李　新
责任印制	孙马飞　马　芝
封面设计	中联华文
出版发行	中国书籍出版社
地　　址	北京市丰台区三路居路 97 号（邮编：100073）
电　　话	（010）52257143（总编室）　　（010）52257140（发行部）
电子邮箱	eo@ chinabp. com. cn
经　　销	全国新华书店
印　　刷	三河市华东印刷有限公司
开　　本	710 毫米×1000 毫米　1/16
字　　数	179 千字
印　　张	15
版　　次	2025 年 6 月第 1 版　2025 年 6 月第 1 次印刷
书　　号	ISBN 978-7-5241-0155-0
定　　价	95.00 元

版权所有　翻印必究

前　言

随着"一带一路"建设的持续推进，中国海外投资一直处于上升期，即使遭遇全球疫情的抑制，这一增长态势仍在继续，未来对外直接投资将进一步扩大，中国正由产品输出大国向资本输出大国转变。"一带一路"沿线国家和地区投资需求巨大的同时，近年来，全球政治风险上升和经济复苏放缓相互交织使得我国内外部环境面临新的冲击，海外投资项目面临的总体风险加剧。从政府到企业，对中国信保面向海外投资的风险保障业务有了新的期待，"一带一路"倡议中保险保障机制的作用更应得到关注。

广义来讲，"一带一路"海外投资项目所涉及的保险业务有两大类业务，一类是普通的财产保险与人身保险业务，这类业务面临的风险多是一般的意外风险或疾病风险，其风险多样化但风险管理技术成熟、经验数据相对充分，适合商业性保险机构进行市场化运作，我们将其称为"市场业务"。第二类业务是海外投资保险业务，这类业务面临的主要是东道国的政治风险，潜在风险大，由具有政府财政背景的政策性保险机构——中国出口信用保险公司（以下简称中国信保）独家承办，保险机构和保险资本来源单一，我们暂将其称为"政府业务"。

本书的研究对象是第二类业务，也就是海外投资保险。随着"一带一路"海外投资市场规模的不断扩大，承担海外投资保险业务的中国信保虽然有国家财政支持，但总资本额度有限，海外分支机构数量少、业务范围窄、国际市场份额微少、承保能力有限，难以满足沿线快速增长的投资保险需求，并且，单一市场主体可能导致保险费率较高、新产品开发动力不足，总体表现为一定程度的政府失灵。然而，贸然将海外投资保险业务放开市场化经营也不可取。海外投资保险是较特殊的保险，承保风险大、法律风险大、专业性强，对保险机构的要求较高。贸然放开市场化经营又可能导致严重的"市场失灵"问题。例如，如果商业性保险机构对政治风险应对经验不足，可能对海外投资企业采取过于严格的承保政策，导致海外投资商无法投保或不愿投保，保险的可获得性差。在"一带一路"建设过程中，某些沿线国家和地区的风险相对较高，这种情况更容易出现。

因此，应考虑在海外投资保险业务这类"政府业务"中，探索其中"介于市场和政府之间的业务"，这类业务风险适中、盈利性尚好，可以在政府政策性保险机构的有序引导下，鼓励商业性保险机构的参与，促进海外投资保险市场上国有、私营等保险资本多元化发展。

在这一思路基础上，提出"开发性保险"概念，并进一步研究构建"一带一路"倡议背景下海外投资保险创新模式，提出政策性保险、开发性保险、商业性保险共同配置海外投资保险资源的"三位一体"保险模式，并从业务全过程视角探索开发性保险"保障前、保障中、保障后"方案实施路径。本书将市场增进论、开发性金融理论、边缘理论拓展到保险领域，细化了"一带一路"金融支持体系中保险维度研究，有利于提升我国"走出去"企业有效应对"一带一路"复杂政治经济环境能力，并对我国全方位对外开放新格局中的风险管理理念、规则和方式的完善有着重要意义。

本书的研究内容包括六个部分，具体如下：

第一部分是绪论，阐述项目研究背景、研究意义、研究重点与研究难点等。根据"'一带一路'海外投资当前情况及面临的风险——国别风险、海外投资保险对 OFDI 规模影响——海外投资保险业务分析及存在的问题——国内外相关领域'政府+市场'模式的启示——提出海外投资保险创新模式及实施路径"这一逻辑主线，旨在解答三个重要问题：1. 在容易出现市场失灵和政府失灵的海外投资保险业务领域中，能否寻找一种介于政府和市场之间的业务，先由政策性保险机构承担此类业务，培育市场，时机成熟后再引入商业性保险机构；2. 提出开发性保险的概念，分析开发性保险与其他两类保险的业务边界，提出由政策性保险、开发性保险、商业性保险共同配置保险资源的海外投资保险"三位一体"创新模式；3. 研究开发性保险"保障前、保障中、保障后"的全过程实施方案。

第二部分是相关问题的国内外文献回顾。国内外学者在相关领域积累了大量可资借鉴的成果，为本书提供了丰富而有价值的学术基础。国外文献大量涉及各国海外投资保险市场的政府失灵和市场失灵问题、市场增进理论与核心—边缘理论研究，对本书具有一定理论指导意义；国内文献则重视国际贸易领域保险经营模式国际对比及功能研究、业务研究，具有较强的政策实践意义。结合文献梳理，在"一带一路"倡议背景下，由于沿线国家市场环境、制度环境等方面差异的复杂性，我国对外投资项目的海外投资保险业务所面临的风险呈现分化特征，有些国家政治风险较小，营商环境较好，另一些国家则政治风险较大，营商环境极不稳定。为更深入地考察对外投资项目的风险成因，探讨切实合理的风险应对模式，我们认为应该更细致地分析当前海外投资保险的市场绩效，研究"一带一路"倡议推进中沿线国家高风险业务的保险分担机制，基于市场增进理论与核心—边缘理论，探索海外投资保险弥补各种失灵问题的创新发展模式。

第三部分运用"项目—风险—保险"的分析框架，分析中国对外直接投资总体情况与主要特征、对外投资企业及项目面临的六大风险、我国海外投资项目总体保障，并结合第二章文献讨论中政府失灵和市场失灵问题分析了中国海外投资保险目前的业务情况。认为虽然国际贸易领域保险中海外投资保险业务份额相对出口信用保险而言偏小，但其政策性保险性质与市场化之前的短期出口信用险一样，目前存在的问题属于"政府失灵"的范畴，主要表现在扭曲自由贸易、扭曲投资结构、导致不公平竞争等方面，具体包括立法缺失、与双边投资保护协定制度缺乏有效衔接、难以满足MIGA的担保要求、承保机构单一、产品有待丰富等。不过，海外投资保险是较为特殊的保险，承保风险大、法律风险大、专业性强，对保险机构的要求较高，贸然放开市场化经营又可能导致严重的"市场失灵"问题。因此，完善海外投资项目保险制度应考虑政策性机制的稳健与商业性机制的效率这两者之间的平衡。此外，运用计量方法实证支持了国别风险对我国对外直接投资规模的负向影响效应、海外投资保险对我国对外直接投资规模的正向影响效应，并验证了国家风险和海外投资保险的这种影响在"一带一路"沿线国家和地区尤为明显。这一结论支持了"核心—边缘"理论的思想，即可以考虑选择"一带一路"核心支点国家作为优先发展海外投资保险的载体，进行海外投资保险市场增进试点，以点带面，有重点地发展海外投资保险业务，机会成熟后引入商业性保险机构，然后将政策性保险资源逐渐向其他国家转移。这对完善我国海外投资保险机制具有重要启示。

第四部分寻求将政策性机制稳健与商业性机制效率这两者有效结合的其他领域发展经验，以供海外投资保险发展模式改革借鉴。该部分研究了开发性金融改革发展路径、典型国家海外投资保险制度发展、中国其他政策性保险（出口信用保险、巨灾保险、农业保险）发展路径，认为在中国的金融市场化改革过程中，政府参与市场形成实际上是改革逻辑的一种内生需要，政府因素在此过程中发挥着弥补市场不足和增进市场功能的正向作用。因此，可以将海外投资保险发展路径选择的注意力放在探寻政府因素与市场因素的有效组合与合理兼容上。

第五部分首先以市场增进理论作为提出开发性保险的立论基础，提出海外投资保险领域由政策性保险、开发性保险、商业性保险共同配置保险资源的"三位一体"模式。由具有财政背景的政策性保险机构中国出口信用保险公司承担政策性保险和开发性保险业务，两种业务分开立账、分开核算。政策性保险保障那些具有重大政治风险、潜在损失巨大、难以市场化经营的海外投资项目，开发性保险则负责那些一开始商业保险机构难以参与但政治风险较小、潜在损失较低的东道国项目，当市场较为稳定并实现盈利后可以引入商业性保险机构参与经营的项目，届时开发性保险逐步退出市场，将资源继续用于其他开发性保险项目；商业性保险机构则可以通过分保或共保的形式参与项目的政治风险保障，待市场放开后以原保险人的身份经营海外投资保险。这部分进一步讨论了开发性保险制度建设中涉及的若干问题，包括开发性保险支持对外投资的大企业还是小企业、支持盈利性强还是弱的行业投资、如何与商业性保险公司合作、是否将所有项目对商业性保险公司公开、如何与商业性保险公司进行再保险安排等。其次，以核心—边缘理论为选择开发性保险战略支点东道国的理论基础，根据对外直接投资总体情况和营商环境体系双维度指标筛选出开发性保险首先发力的最优支点国家、次优支点国家等，通过支点国家的选择机制，使开发性保险为"一带一路"对外投资建设提供风险保障，培育市场逐渐引入商业性保险更具有梯次性和适应性。在"一带一路"建设背景下，开发性保险运行模式的特征可以概括为"政府选择东道国国家和项目—开发性保险培育市场—实现商业性保险参与"，弥补现阶段市场有效整合金融资源的缺陷，创造出连接政府与市场的保险制度安排，走出一条中国特色的海外投资保险发展之路。

第六部分以开发性保险业务经营要求为引领，从培育和完善海外投资保险市场的角度出发，建立"一带一路"海外投资开发性保险业务在保障前、保障中、保障后的全流程保险方案体系及其配套措施，即从"保前"识别及选择风险、"保中"控制风险、"保后"评价及反馈这三个层面建立国家、保险机构和企业多方参与的全过程、多维度、深层次风险防控机制。

1."保前"识别及选择风险。首先，应制定海外投资保险的专门性法律规范，并衔接双边投资保护协定（BIT）关于代位求偿权等相关内容，维护保险机构的合法利益；其次，根据国家—行业—企业—项目的逻辑尽可能选择及扩大业务范围，选择开发性保险在"一带一路"中的战略支点国家与重点支持的行业及项目，保障那些在营商环境较好的东道国或地区投资的项目、投资于低风险行业或企业的投资项目、短期海外投资项目等，这类项目的融资和保险均体现出更多的商业性特征，也是以后开发性保险率先退出的领域；然后从行业、企业、项目风险类别、项目期限等方面多维度拓宽项目承保范围，拓宽海外投资保险业务边界，发现更多市场机会。2."保中"控制风险。首先，支持中国信保优先在营商环境较好的东道国设立海外分支机构，便于中国信保针对"一带一路"沿线不同国家、地区的差异化保险需求，一国一策，在费率匹配、准备金提取、精准承保方面提供一揽子综合保险解决方案，解决承保政策单一、业务风险混杂的问题；其次，针对海外基础设施建设、能源领域建设等大型投资项目保险确立多层级损失分担机制，以降低风险发生时对单一保障机构的冲击；最后，开发性保险的市场培育功能天然要求中国信保应提供海外投资资讯服务，以降低信息不对称风险。3."保后"评价及反馈。应建立差异化监管机制与绩效评价机制，还要考虑严格把控商业性保险机构的市场准入。海外投资保险业务中的政策性保险与开发性保险分别在不同东道国和不同行业项目中发挥作用，监管部门更需注重建立差异化监管机制与绩效评价机制，并定期对开发性保险业务的绩效进行评估，包括对承保项目规模、对外投资占比、对外投资引导作用、国家成本和风险基金盈亏状况等的评价，判断引入商业性保险机构的合适时机。此外，要严格把控海外投资保险市场准入机制，设置一定的制度监管、资金门槛、保险费率、承保险种、偿付能力充足率等要求，剔除组织机构、资产规模、信誉、专业程度等方面不符合法定要求的商业性保险机构，确保我国海外投资保险一部分业务市场化经营时专业程度较高的起点。

　　本书尚存有不足之处，依据核心—边缘理论筛选开发性保险战略支点国家时，只采用了对外直接投资总体情况和营商环境体系双维度指标进行筛选，下一步研究可以考虑增加几个维度指标做出筛选。此外，只筛选了最优支点国家，还应在以后研究中对次优支点国家进行筛选，满足开发性保险培育市场的梯次性要求。此外，将来若海外投资保险在"一带一路"沿线国家和地区保障的行业数据和历年利润数据可得的情况下，可以对开发性保险业务经营状况进行预测。开发性保险的提出在某种程度上增加了政策的精细度，但其政策复杂度也相应升高。在公平与效率的取舍中，应该适当加以平衡。

目　录
CONTENTS

第一章

绪　论

　　保险制度应在我国"一带一路"倡议风险管控中起到重要的保驾护航作用。目前，"一带一路"倡议成为中国"走出去"战略的新引擎，大批投资项目涌向"一带一路"沿线国家和地区，但沿线国家多为亚非发展中国家，中资企业对其进行投资并购、工程承包面临经济、政治、社会和环境的巨大风险。2016年中央经济工作会议提出"推进'一带一路'建设，发挥好政策性、开发性、商业性金融作用"。2017年初国务院公布《中央企业境外投资监督管理办法》，更加强调境外风险防控。新冠疫情发生前，中国贸促会发布《中国企业对外直接投资现状及意向调查报告》，"走出去"开展对外直接投资的受访企业（占全部受访企业的52%）中，超过半数是在"一带一路"倡议提出后首次对外投资。疫情后，随着全球经济的慢慢复苏，中国对外直接投资也在逐渐恢复增速。作为风险防范主要工具的保险机制，其实施效果不仅与单个投资项目有关，更与整个"一带一路"建设的系统性风险紧密相连。国际上，对外投资项目的风险防范及保障机制历来受到各国高度关注，美英法日韩等国专门立法对本国海外投资项目实施有力保障，主要通过海外投资保险实现这一目标。海外投资保险是指资本输出国政府对本国投资者可能因东道国国内政治风险而遭受的损失提供的保险。政治风险主要包括不能自由汇兑的风险，征用、没收或国有化的风险，战争、革命、暴动风险，政府停止支付或迟延支付的风险，等等。在约定风险发生并导致损失时，保险机构根据保险契约向投资者支付保险赔偿金，并有权享有该投资者对被保险项目的权益，代位向东道国政府进行追偿。该制度始于第二次世界大战后美国实施马歇尔援欧计划中所实行的投资保证方案。本书的研究对象是中国海外投资保险制度，探索构建"一带一路"建设背景下海外投资保险创新模式。

第一节 "一带一路"对外投资项目保险发展进程及问题的提出①

一、中国对外直接投资政策演变与"一带一路"倡议提出

我国对外直接投资同改革开放同步发展，相关政策和管理

---

① 本节数据均来源于联合国商品贸易统计数据库（UNCTAD 数据库）。

机制经历了从"谨慎"到"鼓励"再到"大力推动"的演进过程。①

　　改革开放初期，政府谨慎提出允许出国投资或创办企业。1978 年，党的十一届三中全会后，改革开放成为中国的一项基本国策。1979 年，国务院发布《关于经济改革的十五项措施》，提出"允许出国办企业"，这是中国第一次把发展对外直接投资上升到政策层面，该文件也是我国第一次提出允许出国创办企业的文件。不过，这时期中国经济发展水平低，企业的国际竞争力弱，对外直接投资并未有大的发展。1991 年，《关于加强海外投资项目管理的意见》提到中国还不具备大规模到海外投资的条件，随后《关于编制、审批境外投资项目的项目建议书和可行性研究报告的规定》中提出允许以投资、购买股票等方式到中国港澳地区和苏联、东欧各国举办或参与举办非贸易性项目，但不允许到其他国家和地区开展境外投资。

　　谨慎境外投资的局面在 20 世纪 90 年代末发生扭转。为顺应不断深入的经济全球化发展趋势，1998 年，中共十五届二中全会提出"要逐步、稳定地组织支持一批有实力有优势的国有企业到国外进行投资"，基本确定了"走出去"战略。进入 21 世纪，"走出去"战略在全国人大九届三次会议上被提升到国家战略层面，2013 年，中国提出"一带一路"倡议，以崭新

---

① 李惠茹，蒋俊. 中国对外直接投资的政策演变与效果实证 [J]. 河北大学学报（哲学社会科学版），2019，44（6）：68-79.

的格局体现出中国对外投资的发展方向。2005 年，中国对外直接投资流量首次突破三位数，较 2000 年增长了近 13 倍，此后每年以百亿美元的流量规模阶梯式发展。2013 年，对外投资流量规模达到 1078.4 亿美元，首次突破千亿美元水平，之后对外直接投资存量规模基本一直保持稳定增长态势（表 1-1）。

表 1-1 中国对外直接投资流量与存量规模（亿美元）

年份	1985	1990	1995	2000	2005	2010	2011	2012	2013
流量	6.29	8.30	20.00	9.16	122.60	688.10	746.50	878.00	1078.40
存量	9.00	44.60	177.90	277.70	572.00	3172.10	4247.80	5319.40	6604.80
年份	2014	2015	2016	2017	2018	2019	2020	2021	
流量	1231.20	1456.70	1961.50	1582.88	1430.37	1369.05	1537.10	1451.90	
存量	8826.40	10978.60	13573.90	18090.37	19822.66	21988.81	25806.58	25818.0	

数据来源：联合国商品贸易统计数据库（UNCTAD 数据库）。表内数据不包括港澳台地区。

2013 年，习近平同志提出了建设"丝绸之路经济带"和"21 世纪海上丝绸之路"的倡议，这是世界新型全球化的中国方案。"一带一路"发端于中国，贯通中亚、东南亚、南亚、欧洲部分区域，涉及亚太经济圈和欧洲经济圈，覆盖约 44 亿总人口，占当时全球总人口的 63%；经济总量约 21 万亿美元，占当时全球经济总量的 29%。近十年来，"一带一路"倡议成为中国"走出去"战略的新引擎，大批投资项目涌向"一带一路"沿线国家和地区，围绕工程建设、设备出口、项目运营与服务、投融资等多个板块，在基础设施、能源、民生工程等领域获得了较大发展，截至 2021 年年底，中国对沿线国家和地区的对外直接投资存量达 2138.37 亿美元，占我国对外直接总投资存量的 8.28%，总体呈稳步增加趋势。

二、近十年全球对外直接投资格局

近十年，也是中国提出"一带一路"倡议后的十年，首先从数据上看，美欧日仍然是对外投资的主要母体。2021 年，美国对外直接投资额流量为 4031 亿美元，比上年增长 71.6%，位居全球第一；德国次之，对外直接投资额流量为 1517 亿美元，日本紧随其后，对外直接投资额流量为 1468 亿美元，同比增长 53.4%。以美国为例，其对外直接投资在发达国家主要以跨国并购的方式进行，在发展中国家主要以新建投资的方式进行。美国对发达国家投资倾向于投资欧洲的服务业，尤其是金融保险领域以及信息服务行业，流向亚太新兴工业地区的美国对外直接投资则主要局限在制造业领域。后疫情时代的经济复苏进一步刺激了资金流动，对外直接投资额增长较快。

其次，跨国直接投资形成的世界分工格局暂时未发生大的改变。21 世纪以来，以欧美发达国家为主的服务业（尤其是金融业和信息业）分工、以东亚和东南亚地区为主的制造业分工以及西亚如沙特阿拉伯等以提供油气和其他初级品资源供给为主的分工格局，并没有发生大的变化。① 北美发达国家依然是国际直接投资流入最多的地区，东亚、东南亚和西亚三个地区次之。2021 年，北美国家吸引国际投资超过 4270 亿美元，在全球占比约为 26.99%，东亚、东南亚和西亚三个地区吸引国际投资流入量约为 6306 亿美元，在全球占比约 39.85%。

最后，近年来中国对外投资流量和存量均高于多数发达国家。作为最大的发展中经济体和转型经济体，中国对外直接投资呈现出相对欧美发达国家更高的增速，2013 年到 2021 年对外直接投资存量年均增速约 19.19%，远高于同期美国、欧洲、日本整体年均增速 6.06%，也高于同期全球年均增速 6.95%；截至 2021 年年底，中国对外直接投资存量为 25818 亿美元，在 全 球 占 比 为 6.18%，高 于 加 拿 大 （5.47%）、英 国 （5.18%）、德国（5.12%）和日本（4.75%）等国家。从对外直接投资流量看，近五年中国均进入全球前五位，尤其是 2020 年，中国对外直接投资流量为 1537 亿美元，仅次于美国。

三、中国对外投资项目保险保障机制的演进

"一带一路"沿线国家多为亚洲和非洲发展中国家，地缘政治经济关系复杂多变，中资企业进行海外投资并购、工程承包面临较多政治风险、法律风险、经济风险、人为事故与自然灾害风险。2016 年中央经济工作会议提出"推进'一带一路'

---

① 裴长洪，杨志远. 提高吸引外商投资水平的再思考［J］. 国际贸易，2012（9）：4-10.

建设，发挥好政策性、开发性、商业性金融作用"。2017 年年初，国务院公布《中央企业境外投资监督管理办法》，更加强调境外风险防控。

国际上，对外投资项目的风险防范及保障机制历来受到各国高度关注，美英法德日韩等国专门立法对本国海外投资项目实施有力保障。保险机制作为国际经济事务中通行的风险管理成熟工具，决定了保险行业服务"一带一路"建设具有天然优势，理应在我国"一带一路"投资风险管控中起到重要的保驾护航作用。随着改革开放、"走出去"战略、"一带一路"倡议的提出，对外直接投资呈现快速发展，企业不断面临新的国际竞争和机遇，我国对外投资保险也经历了一个从无到有、从起步到完善的演变过程。

改革开放伊始，中国境内部分保险机构主要为外国来华投资项目所面临的风险提供保障，真正意义上的对中资在海外投资的风险进行保障的业务非常少，海外投资保险业务起步晚、发展基础薄弱。这一业务最早由中国人民保险公司和中国进出口银行开办，直到 2001 年中国出口信用保险公司这一政策性保险机构成立后承接了该项业务，海外投资保险业务才算正式起步，并一直由其独家经营至今。21 世纪初期，商务部、原保监会（现国家金融监督管理总局）等部门在投资促进政策中提出加强出口信用保险业务，其中 2005 年的《关于实行出口信用保险专项优惠措施支持个体私营等非公有制企业开拓国际市场的通知》较为典型，这一政策为非公有制企业进行海外投资

7

提供了保险保障，但总体上关于海外投资保险的成文规定较少，效果并不明显。2013 年，"一带一路"倡议的提出进一步改变了过去形成的"引进来"投资多于"走出去"投资的对外开放格局（见图 1-1），在政策和资金方面都极大刺激了海外投资保险业务的快速发展。

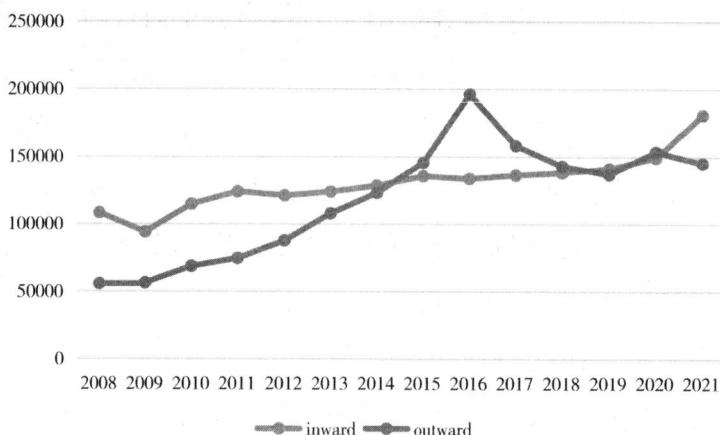

图 1-1 中国吸引国外投资（流入量）与对外直接投资（流出量）对比

（单位：百万美元）

保险机制在"一带一路"沿线国家和地区的实施效果不仅与单个投资项目有关，更与整个"一带一路"建设的系统性风险紧密相连。目前，中国信保独家开展海外投资保险业务，在企业对外投资的过程中，帮助企业管理和规避汇兑风险、政府违约风险、战争风险，避免企业因这些风险而遭遇投资受阻或经营失败的威胁。2021 年，中国信保全年支持对"一带一路"

沿线国家和地区出口和投资 1699.6 亿美元，增长 11.3%，承保金额 661.2 亿美元，增长 5.7%；全年出具保单 953 张（新签保单 212 张），业务主要分布在电力生产和供应（34.7%）、其他制造业（19.5%）、其他采矿业（17.9%）等行业，承保项目覆盖印度尼西亚、巴基斯坦、越南、刚果（金）、哈萨克斯坦等 90 个国家（地区），并向"一带一路"沿线国家和地区出险项目支付赔款 3.3 亿美元。海外投资保险减轻了我国企业对外投资的诸多顾虑，也为我国对外投资的保险制度的发展提供了强有力的机遇，在"一带一路"倡议中具有不可或缺的重要意义。

四、问题的提出

随着"一带一路"建设持续推进，中国海外投资一直处于上升期，即使遭遇全球疫情，这一增长态势仍将在疫情过后继续，中国正由产品输出大国向资本输出大国转变。以钢铁产业海外投资需求为例，可以从下游建筑业的发展增速侧面看钢铁产业的投资需求潜力，据 BMI 对 36 个"一带一路"沿线国家和地区 2015—2019 年建筑业产值平均增速的测算，有 27 个国家（占比 75%）的建筑业发展增速高于世界平均水平（增速 3%），其中 14 个国家（占比 38.9%）的建筑业发展增速超过 6%①，可见"一带一路"沿线国家和地区的钢铁需求量巨大。

---

① 数据来源：Business Monitor International（BMl）。

以"一带一路"南亚及中亚地区国家数据为例（表1-2），"一带一路"沿线国家和地区在电力、铁路、公路和通信等基础设施产业方面投资需求巨大。

表1-2 "一带一路"沿线国家和地区基础设施产业投资需求巨大

基础设施建设各行业	2010—2020 年南亚及中亚地区投资需求（亿美元）
电力	8208.3
铁路	188.1
公路	12338.5
通信	5142.4

数据来源：亚洲开发银行（ADB）2010—2020年亚洲基础设施投资报告

近年来，在"一带一路"沿线国家和地区投资需求巨大的同时，全球政治风险上升和经济复苏放缓相互交织使得我国内外部环境面临新的冲击，海外投资项目面临的总体风险加剧。从政府到企业，对中国信保面向海外的保险业务有了新的期待，中国信保的业务关注重点应从"一支独大"的出口信用保险业务逐渐转到出口信用保险与海外投资保险并重的格局上来。

因此，"一带一路"沿线国家和地区旺盛的投资需求与全球风险总体加剧的矛盾，使得"一带一路"倡议中保险保障机制的作用更应得到关注。广义来讲，对外投资项目所涉及的保险业务既包括中国信保独家开展的政策性保险——海外投资保险，也包括市场化运作的各类财产保险与人身保险业务。也就是说，"一带一路"建设中，对外投资项目保险市场上既有可以有商业性保险机构开展经营的"市场业务"（各类财产保险与人身保险），也有具有政府财政背景的政策性保险机构——中国信保——独家承办的"政府业务"（海外投资保险）。对于各类财产保险与人身保险业务而言，业务风险多样化但风险管理技术成熟、经验数据相对充分，适合商业性保险机构进行市场化运作。对于后者的海外投资保险而言，潜在风险较大，随着"一带一路"海外投资市场规模的不断扩大，凸显出保险机构和保险资本来源单一的问题，中国信保总资本额度有限，即使有国家财政支持也无法满足沿线快速增长的投资保险需求。故应考虑在海外投资保险业务中，研究探索"介于市场和政府之间的业务"，在政府政策性保险机构的有序引导下，适当鼓励商业性保险机构的参与，促进海外投资保险市场上国有、私营等保险资本多元化发展。

因此，本书的研究对象是海外投资保险，指由中国信保公司独家承办的保障海外投资东道国各类政治风险的保险。目前，中国信保公司的海外机构数量少、业务范围窄、国际市场份额微小，投资东道国与中国在政治法规、经济条件以及文化等方面的差异性，也形成了一种无形的"准入门槛"，使得对外投资项目保险保障业务面临一定市场失灵和政府失灵。本书研究我国对外投资项目保险的保障效果，既研究政策性保险机制的保障效果，也考察政策性保险与商业性保险的相互补充机制，即研究界定"介于市场和政府之间的业务"，探索构建

"一带一路"倡议背景下海外投资保险制度创新模式,不仅有利于提升我国"走出去"企业抵御海外风险的能力,而且对我国全方位对外开放新格局中的风险管理理念、规则和方式的完善有着重要意义。

第二节 研究意义

本书研究对外投资项目保险需求及当前保险业务市场供给,依据市场增进理论、开发性金融理论、核心—边缘理论探究"一带一路"对外投资项目保险新模式,并指出该模式的实施路径,构建"保前、保中、保后"整体方案体系。本书可能的边际贡献如下。

学术方面的边际贡献:1. 提出"开发性保险"概念。从政府失灵与市场失灵角度分析"一带一路"建设中现行保险模式的效率问题,指出开发性保险机制能够有效应对市场失灵和政府失灵,将福利经济学应用到对外投资领域,将市场增进论、开发性金融理论、边缘理论拓展到保险领域,提供了新的研究视角。2. 构建政策性保险、开发性保险、商业性保险共同配置海外投资保险资源的"三位一体"保险新模式框架。从政府与市场双视角揭示保险对海外投资项目的内在推动机制,细化"一带一路"金融支持体系中保险维度研究。

实际业务方面的边际贡献:1. 界定政策性保险、开发性保险与商业性保险的业务边界，促进我国保险机构对海外投资业务实施差异化保障；2. 明晰政策性保险、开发性保险与商业性保险"三位一体"保险新模式实施路径，即设计"保前、保中、保后"整体方案体系，理清制度创新思路，实现合理配置保险资源，有效应对"一带一路"可能面临的复杂政治经济环境。

第三节 研究内容及研究难点

一、关键研究内容

本书研究"一带一路"倡议下海外投资保险创新模式及实施路径问题。考察投资东道国国别风险、海外投资保险与OFDI 规模联动机制，以政策性及商业性保险双维角度理论探讨对外投资项目保险中政策与市场的功能作用，重塑"一带一路"背景下对外投资项目海外投资保险的保险模式与实施路径。主要研究目标包括：1. 实证研究揭示"一带一路"沿线国家和地区国别风险、保险经营指标与 OFDI 规模之间的联动机制；2. 通过政府失灵与市场失灵理论分析，提出以开发性保险为核心的对外投资项目"三位一体"保险新模式；3. 提出"保前、保中、保后"对外投资项目保险方案体系，研究保险新模式实施路径及损失分担等配套措施。图 1-2 是总体研究框架图，说明了关键研究内容。

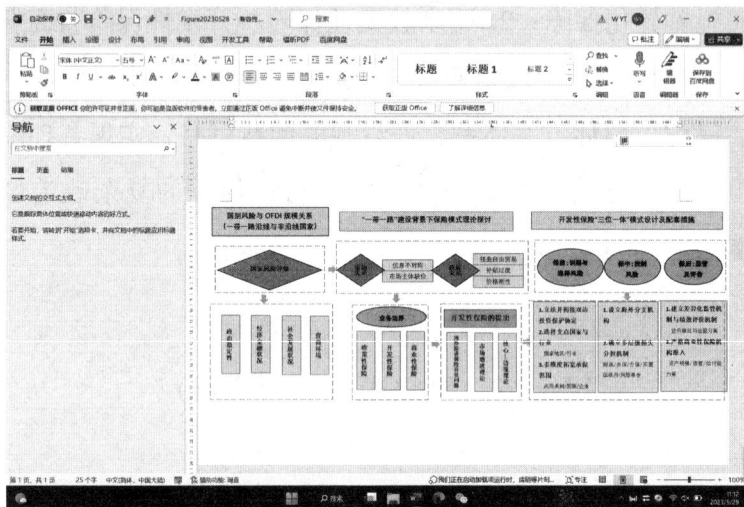

图 1-2　总体研究框架图

关键研究内容包括以下四方面。

1. 东道国国别风险、海外投资保险与中国 OFDI 规模关系研究。依据国别风险指标体系，分别选取不同风险水平的东道国以及"一带一路"沿线国家和地区样本，运用面板数据模型研究国别风险、海外投资保险对中国 OFDI 规模的影响，并考察这种影响在"一带一路"沿线国家与非沿线国家的异质性，实证支持海外投资保险机制创新发展在"一带一路"建设中的重要性。

2. 我国海外投资保险业务绩效研究。（1）我国海外投资项目的风险分析、海外投资保险业务分析及政策支持；（2）研究我国海外投资保险发展中存在的问题，分析当前保险保障中政府失灵与市场失灵现象；（3）市场增进理论与国内外各领域（中国金融业领域、美日德海外投资保险领域、中国出口信用保险领域）市场增进实践的启示。

3. 提出海外投资保险业务中"开发性保险"概念。（1）在充分认识"一带一路"海外投资保险业务差异的基础上，借鉴开发性金融理论，提出"开发性保险"的定义和基本内涵；（2）研究开发性保险与政策性保险、商业性保险的关系；（3）基于"市场增进理论"讨论与开发性保险制度相关的若干问题；（4）基于"核心—边缘理论"研究开发性保险选择战略支点国家的基本机制。

4. 开发性保险"保前、保中、保后"模式的整体方案与实施路径研究。（1）提出海外投资项目开发性保险模式的整体方案——基于"保前、保中、保后"全过程控制体系；（2）"保前"识别与选择风险：立法并衔接双边投资保护协定、选择支点国家与行业、多维度拓宽承保范围；（3）"保中"控制风险：设立海外分支机构、确立多层级损失分担机制；（4）"保后"评价及反馈：建立差异化监管机制与绩效评价机制、严格商业性保险机构准入。

二、研究难点

关键研究内容中有以下研究难点需要突破。

1. 国别风险、保险经营与 OFDI 规模联动关系研究是重塑"一带一路"对外投资项目保险模式的实证支持基础。国别风险、保险经营指标与 OFDI 规模显著相关并存在差异，有必要根据不同国别、不同项目特征提供差异化保险机制。本书采用我国发布的国别风险数据，运用面板数据模型研究国别风险、海外投资保险与中国 OFDI 规模的关联性。我国从 2005 年开始每年发布《国家风险分析报告》，迄今已有十余年。报告具有中国视角，涵盖了我国主要贸易投资伙伴及新兴市场等近 200 个国家风险分析。此外，可从世界银行、中国商务部、中国国家统计局等机构获得所需数据。

2. 确立业务边界是开发性保险模式的核心。"一带一路"对外投资项目情况复杂，规模大期限长，其战略性、盈利性等呈现分化特征，现行保险机制存在不同程度的政府失灵和市场失灵现象。本书提出"开发性保险"模式，指出对外投资项目的不同保险业务由政策性保险、开发性保险和商业性保险分别提供，故关键问题是界定"一带一路"建设中"市场业务"（商业性保险）、"政府业务"（政策性保险）以及"介于市场和政府之间的业务"（开发性保险）。本书运用市场增进理论、核心—边缘理论研究并选择开发性保险主要发挥作用的业务领域。

3. 开发性保险"保前、保中、保后"方案体系设计。在保持开发性保险模式战略统一性的前提下，依据"保前、保中、保后"框架对开发性保险业务具体方案进行差异化设计。此部分应根据"保前、保中、保后"三个阶段的业务要求对方案进行设计，在提供风险保障之前，需要建立风险防控的法律规范，在法律大框架下识别适合进行开发性保险业务经营的风险，并根据国家—行业—企业—项目的逻辑尽可能选择及扩大业务范围；对风险进行保障期间，需要考虑海外机构设置、确立以共保—分保—风险基金—财政为转移顺序的损失分担机制，提供咨询服务等，对风险进行控制；对保险业务进行事后评价及反馈，建立差异化监管及评价机制，对承保项目规模、对外投资占比、对外投资引导作用、国家成本和风险基金盈亏状况等进行监控。

第二章

文献回顾

本书研究"一带一路"海外投资保险创新模式与实施路径问题。从对外投资项目面临的风险及保障需求入手，考察我国政策性海外投资保险业务情况及其发展中存在的政府失灵问题，探讨该保险业务市场化经营后可能产生的市场失灵问题，基于市场增进理论与核心—边缘理论，提出开发性保险的制度构想。因此，本书的文献综述主要涉及四方面：国际上涉外贸易领域保险经营模式及其作用机制综述、国际贸易领域保险的市场绩效研究、市场增进理论及其在保险业中的应用、核心—边缘理论及其在保险业中的应用。需要指出的是，目前我国海外投资保险由中国信保独家经营，并未放开市场，因此对市场失灵问题以国际贸易领域保险中的短期出口信用保险为例进行探讨。下面我们分别加以阐述。

第一节 国际贸易领域保险经营模式与作用机制研究

关于出口信用保险模式研究的国内外文献很多，以下主要从中外保险经营模式和作用机制归纳，其中，对中国出口信用保险机构发展相关研究做了重点回顾。需要注意的是，经营出口信用保险的机构在称谓上一般被称为出口信用保险机构，但实际业务经营中除了经营出口信用保险业务，还包括海外投资保险等其他国际业务，因此，本书将出口信用保险机构所经营的业务范围笼统地称为国际贸易领域保险。

一、国际贸易领域保险经营模式研究

多国建立出口信用保险机构专门从事对海外投资的保险支持[①]，具体可归纳为以下五种经营模式[②]：（一）政府设立专门机构和部门直接办理业务，如美国、英国；（二）政府成立全资公司经营该类业务；（三）政府成立控股公司经营业务；（四）政府指定私营保险公司代理业务，如法国；（五）其他金融机构如进出口银行兼营该类业务。无论采用哪种经营模式，促进国家出口的政策性定位决定了出口信用保险机构必然

① DIETRICH E B. British export credit insurance [J]. The American Economic Review, 1935, 25 (2): 236-249.

② 国际上分析五种主要经营模式的文献来源见表2-1。

将得到政府支持，只是政府参与度有所不同，也就是说，划分出口信用保险模式的标准主要是根据政府对出口信用保险经营的参与程度，例如，在政府设立专门机构或部门的模式下，政府参与出口信用保险机构经营的程度最深，对其控制最直接；相对而言，私营保险公司由于政府没有股份参与其中，其自主经营决策权最大。不同国家最终选取的出口信用保险经营模式应符合本国国情。

二、国际贸易领域保险作用机制研究

出口信用保险、海外投资保险等国际贸易领域保险对一个国家的进出口与对外投资发展的意义十分重大，可以归纳为三方面的作用：（一）规避风险、补偿损失。出口信用保险机构凭借自身在政治风险管理方面的专业化优势，承担进出口贸易商不愿意承担的政治风险，保护本国投资商规避国外政治风险和商业风险，并对保障范围内的损失进行补偿。（二）增加利润。出口信用保险、海外投资保险作为重要的融资工具，能够提高项目的投资级别，多元化了融资来源，降低企业固定交易成本和贸易信贷融资费用，增加企业广义利润和集约利润。（三）提高国家进出口福利与政治声誉。政府可以通过发放出口商保险费用补贴增加对不发达国家的出口，增加出口国与进口国净福利；较高补贴有利于进口国贸易，甚至被视为对不发达国家进行政治援助。（四）具有某种震慑功能。韦斯特（Gerald T. West）发现海外投资保险还有一种震慑功能，即出口信用保险机构可以通过对一国暂停承保，甚至依靠国家权力对东道国违反投资协议的行为施加压力，实现东道国维持投资便利条款或对其被保险人实施管制豁免。①

表 2-1　国际贸易领域保险经营模式与作用机制研究及代表性文献

国际贸易领域保险市场	经营模式研究	①五种经营模式；②各国政策性保险的政府参与度不同；③经营模式应符合本国国情	Ethel B. Dietrich. (1935)；Louis G. Guadagnoli (1968)；Moravcsik (1989)；Alesm K. J. (2006)；Krauss (2011)；EvitaAndersone & Olga Bogdanova (2014)
	作用机制研究	①规避风险；②创造利润；③提高福利与政治声誉，促进对外投资和出口；④震慑功能	Mark R. Greene (1965)；William (1969)；Hidek Funatsu (1986)；West (1999)；Peter Egger & Thomas Url (2006)；Moser (2008)；Pradhan (2013)

三、中国政策性保险机构经营模式与作用机制研究

在国际贸易领域，我国政策性保险机构演进具有明显的阶段性特征，我国学者相关研究主题随之变动，各阶段研究主题、主要观点及代表性文献见表 2-2。

（一）"双机构"经营阶段聚焦模式改革研究。早期进出口银行与中国人民保险公司共同经营政策性出口信用保险，研究主题聚焦于两方面：一是各国出口信用保险机制及险种介绍与比较；二是研究双机构经营体制是否应向国有政策性单一机构体制转变。

---

① WEST G t, GILL D G, WILSON B, et al. Legal principles and practices relating to private foreign investment [J]. Proceedings of the Annual Meeting (American Society of International Law), 1983 (77): 292-312.

（二）"单一机构"经营阶段研究主题多样化。中国出口信用保险公司成立后独家经营政策性出口信用保险，此后研究主题主要有四个，一是保险功能研究。研究方法从早期的定性研究转为定量研究，保险有利于企业规避海外风险和融资，实证方法包括面板 VAR 模型、引力模型等。二是业务经营研究。从立法、业务范围、短期险业务市场化、费率厘定等方面提出业务完善建议。三是国别风险研究。建立国别风险评价模型，强调政治风险及防范。四是政策性保险业务边界探讨。主张分开核算不同类别政策性保险业务，政策性业务与非主动竞争性盈利可有机统一。

表 2-2　中国学者对出口信用保险机构经营模式与作用机制研究

机构演进阶段	研究主题与主要观点	代表性文献
双机构经营时期	①介绍各国（美英德法意日印尼韩等）政策性保险机制与险种 ②双机构经营体制不适合当时国情，主张建立国有政策性机构	张鸿义（1993）；徐放鸣等（1997）；朱军、陈艳丽（1994）；潘水根（1997）；傅京燕（2000）
单一机构经营（中国信保）（2001—2010）	①功能研究，从早期的定性研究转为定量论证：规避国外风险、融资便利；存在对外投资和经济增长的正向长期效应；利用面板 VAR 模型、引力模型等计量方法论证	北大课题组（2004）；王智慧（2010）；李晓洁等（2010）；王国军等（2016）；游桂云等（2014）；陈松等（2012）；项本武（2010）
	②业务研究：短期险业务市场化、法律规范、业务范围、投保基数、财政补贴、费率厘定等完善建议	范方志等（2003）；谢利人等（2007）；谢志斌等（2009）；林斌（2013）

续表

机构演进阶段	研究主题与主要观点	代表性文献
单一机构经营（中国信保）（2010至今）	①国别风险研究：强调政治风险，研究政治风险防范机制的国际比较及借鉴	杨学进（2001）；陶斌智（2015）；王国军（2016）
	②政策性保险边界的理论探讨：分开核算不同类别政策性保险业务；政策性业务与非主动竞争性盈利可有机统一；开发性金融可弥补政策性金融的不足	王晓坤等（2004）；白钦先等（2004）；贾康等（2009）；李志辉等（2008）；徐海龙等（2013）；高晓梅（2005）；张冀等（2010）

四、小结

各国出口信用保险机构无论采用哪一种经营模式，都是一路变革、发展而来的，总体来讲基本符合本国经济发展水平、法律法规体系和监管水平。其所提供的国际贸易领域保险服务的功能基本一致，包括规避风险补偿损失、降低融资成本、提升国家政治声誉、发展进出口等。不过，不同经营模式下各国承接出口信用保险、对外投资保险业务的主要载体不同，有政策性保险机构也有商业性保险机构，其市场绩效表现也就有所不同，在实现上述保险服务功能的基础上，可能表现出一定的负面效应。下一节将对当前文献中的政策性保险的政府失灵表现和商业性保险的市场失灵表现进行回顾总结。

第二节　国际贸易领域保险制度的市场绩效研究

各国承接出口信用保险、对外投资保险的主要载体为政策性保险机构，也有商业性保险机构参与其中。国内外学者围绕政策性保险机制的政府失灵问题、商业性保险机制的市场失灵问题、政策性保险与商业性保险业务边界等方面展开研究。

一、商业性保险的市场失灵问题

世界经济发展史表明，市场机制在多数时候都能带来资源的有效配置，因此，人们对市场这只"看不见的手"高度信赖，而对政府这只"看得见的手"始终加以约束，不希望其过多参与到经济运行中干扰市场的自发运行，避免其损害经济效率。不过，市场机制也会存在市场失灵问题，即有时候并不能导致资源的有效配置。近年来，国际贸易领域保险中的短期出口信用保险已经在一些国家放开市场化经营，现有文献对商业性保险公司在经营过程中出现的市场失灵问题进行了研究，主要表现在信息不对称导致逆向选择、市场主体缺位导致保险可获得性有待提高等方面（表2-3）。

（一）信息不对称导致出现逆向选择。出口商和出口信用保险提供者之间的信息不对称主要指商业风险，而非政治风险；商业风险的信息不对称导致出口商或投资商对国外信息收集困难，则风险高的投资商更倾向购买保险，出现逆选择现象。这方面研究的代表性人物、主要观点及代表性文献见表2-3。

（二）市场主体缺位导致保险可获得性差。有学者认为，政治风险只能由政府来承保，商业性保险机构不愿也无法应对政治风险，特别是发展中国家的国别风险较高（如主权风险、货币汇兑风险），使得商业性保险机构的承保政策过于严格，出口商或投资商无法投保或不愿投保；政治风险越来越成为阻碍国际贸易发展的主要障碍，单独靠商业化的运营模式很难满足市场的需求。这方面研究的代表性人物、主要观点及代表性文献在表2-3加以总结。

从以上市场失灵的视角可以较好地解释政策性保险的出现。如果出现信息不对称、有害外部性的情形，从整个社会角度来看，商业性经济主体的规模可能过少也可能过多。因此，在一定的意义上，政策性保险出现的目的是要解决市场失灵问题。然而，政策性保险发展到一定程度，又会出现以下政府失灵问题。

二、政策性保险的政府失灵问题

目前，各国国际贸易领域保险中占最大业务量份额的险种是出口信用保险，故现有文献对政策性保险机制的政府失灵问题主要是围绕占据出口信用保险这一险种展开的。政策性保险的政府失灵主要表现在补贴过度扭曲自由贸易、补贴过度扭曲出口贸易结构、价格刚性导致不公平竞争这三方面（这方面研究的代表性人物、主要观点及代表性文献见表2-3）。

（一）从国际上看，补贴过度会扭曲自由贸易。很多学者认为，政策性保险机构在很大程度上是对市场化自由贸易的阻碍和扭曲。例如，各国官方出口信用保险机构是由一系列隐含的政府战略目标而不是由纯粹的保险学原理推动的，其经营甚至受制于强大的利益集团，因此，降低了没有能力设立出口信用保险制度的国家出口水平和减少了没有能力投保出口信用保险的企业出口机会。

（二）从国内看，补贴过度会扭曲出口贸易结构。一国不同部门投保出口信用保险金额并不相等，可能获得不同补贴，这种补贴可能导致人为扭曲一国出口贸易结构。

（三）从市场主体经营效率看，价格刚性导致不公平竞争。政策性保险机构垄断性质导致经营效率低下，应该对某些保险业务领域进行市场化经营。

表2-3 国际贸易领域保险的政府失灵与市场失灵研究

研究领域	研究视角	主要观点	代表性人物及文献
出口信用保险市场	政策性保险的政府失灵	①扭曲自由贸易，政府补贴会加重扭曲的程度；商业风险保障应推进市场化	Stephen J. Kobrin（1979）；Fleigsig & Hill（1984）；Helpman（1995）；Rodriguez（1987）；Benitah（2005）；Sanchez（2008）
		②补贴过度导致扭曲出口贸易结构；③价格刚性导致不公平竞争	Peter Egger & Thomas Url（2006）；Jai S. Mah（2006）；Evita Andersone & Olga Bogdanova（2014）；Gerda Dewit（2000）
	商业性保险的市场失灵	①国外政治风险信息难以收集，信息不对称导致出口信用保险市场出现逆选择现象	Pauly（1968）；Kunreuther & Kleindorfer（1983）；Sandra M. Huszagh & Mark R. Greene（1985）；Bruce Fitzgerald & Terry Monson（1989）；Gabriel J. Felbermayr（2013）
		②保险可获得性差，政治风险超出商业保险公司控制，政府具有信息优势，可由政府承担	Louis G. Guadagnoli（1968）；Celi & Czechowicz（1985）；Gerda Dewit（2000）；Moser，Nestmann & Wedow（2008）

三、政策性保险与商业性保险的功能边界研究

国际贸易领域中既存在政策性保险也存在商业性保险，也出现一定的政府失灵或市场失灵问题，致使国内外学者对上述政策性保险与商业性保险的功能边界进行了讨论。

有学者认为，政治风险具有破坏性强、致损程度高、管控难度大的特点，这使政治保险经营表现出强烈的政策性特点。从需求方看，出于理性考虑，外贸企业往往会放弃或减少政治

风险较大的对外项目①；从供给方看，这些风险往往超出了商业性保险公司的经营和管控能力，只能由政府支持的政策性出口信用保险机构来提供保险保障②；菲茨杰拉德（Fitzgerald）和蒙森（Monson）认为，政策性出口信用保险机构具有的官方背景便于其与其他国家的政府部门或官方机构进行广泛而密切的合作交流，在信息获取、债务追偿、政治风险管理等方面都拥有商业性保险机构难以比拟的优势，可以为对外投资企业提供优质的损失补偿和信息资讯等服务③；由于政策性出口信用保险具有较强正外部性，很多国家对其经营提供了各种形式的扶持政策，如保费补贴等④。

当然，也有学者持反对态度，不赞成对出口信用保险进行补贴。有实证文献研究发现，尽管有些国家的官方出口信用保险机构促进了本国外贸增长，但其经营出现亏损，给政府财政

① FELBERMAYR G J, YALCIN E. Export credit guarantees and export performance: An empirical analysis for Germany [J]. The World Economy, 2013, 36 (8): 967-999.

② SCHICH S T. An option-pricing approach to the costs of export credit insurance [J]. The Geneva Papers on Risk and Insurance Theory, 1997, 22 (1): 43-58.

③ FITZGERALD B, MONSON T. Preferential credit and insurcnce as means to promote eports [J]. The World Bank Reearch Observer, 1989, 4 (1): 8-114.

④ RIENSTRA-MUNNICHA P, TURVEY C G. The relationship between exports, credit risk and credit guarantees [J]. Canadian Journal of Agricultural Economics, 2002, 50 (3): 281-296.

造成了沉重负担，不应继续存在下去。① 有学者对比了各类政府支持方式对外贸的促进效应，认为对出口信用保险进行补贴的做法不尽合理，日本出口信用保险与外贸额之间近 40 年的关系（1961 年至 1999 年）也显示，出口信用保险对日本外贸增长的促进作用不明显，因此政府不应对出口信用保险进行补贴。② 维尔（Koen der Veer）对近年来出口信用保险市场的商业化现象进行了研究，认为出口信用保险市场化可能仅限于短期出口信用保险业务，私营保险公司在该领域中的产品和价格竞争有利于外经贸企业获得更优质的出口信用保险服务，不过政府仍需作为最后的风险承担者。③

国内学者则更多从理论层面分析了政策性保险和商业性保险的业务边界问题。有观点认为应在弱势行业与薄弱领域建立政策性金融机构，其定位是"政策性目标"和"市场性目标"双目标导向，前者为主，后者为辅，并确定"双轨运行"格局中政策性金融与商业性金融的边界④。同时，在某一特定领域内，可以根据需要建立不止一家政策性金融机构以利于适度竞

---

① ABRAHAM F. The effects on intra-community competition of export subsidies to third countries：The case of export credits，export insurance and official development-ment assistance ［M］. Luxembourg：Office for Official Publications of the European Communities，1990.

② MAH J S. The effect of export insurance subsidy on export supply：The experience of Japan ［J］. Journal of Asian Economics，2006，17（4）：646-652.

③ VEER K V D. The private export credit insurance effect on trade ［J］. Journal of Risk and Insurance，2010，82（3）：601-624.

④ 贾康，孟艳. 政策性金融的体系、定位及其边界主张 ［J］. 改革，2009（3）：82-88.

争。有学者区分了政策性目标和市场性目标，政策性目标是为维护公众利益和国家利益而按照政府各领域顶层战略发展目标来提供资金支持和相关服务；市场性目标是政策性金融机构也应建立与商业性金融机构相似的组织架构体系，按照市场化原则组织经营运作和经营管理机制并基本实现保本经营即可，政府对其经营利润不作要求①。还有观点认为政策性保险发挥作用的主要是像农业、进出口等具有重要社会效益，但市场机制难以发挥作用的领域，这些领域在产业起步阶段经济效益较低、风险较高，商业性保险不愿进入，此时需要政策性保险应对市场机制进行补充和矫正市场缺陷。随着政策性保险的培育和引导，这些领域会逐步变得有经济效益，而且风险程度也会降低到商业性市场主体可承受的水平，这时商业保险就会逐步进入该领域，相应地，政策性保险在政府的引导下可以逐步退出，转而进入其他需要其发挥作用的领域。也就是说，应该根据国家的产业战略发展方向、市场机制的成熟完善和国家财力情况等因素动态调整政策性保险的功能区域②。

四、小结

政策性保险机构在资金上以政府财政作为后盾，在组织决

---

① 白钦先，王伟. 政策性金融可持续发展必须实现"六大协调均衡" [J]. 金融研究，2004（7）：14-22.

② 王德宝. 政策性出口信用保险功能的理论及实证研究：兼论中国政策性出口信用保险改革与发展 [D]. 北京：对外经济贸易大学，2017.

策上以政府指令或战略倾向作为决策依据，在业务经营上有政府的若干保护政策，这不可避免会出现上文所述若干政府失灵现象。若直接放开进出口市场和对外投资市场的保险领域经营，商业性保险机构自由化经营则可能带来若干市场失灵问题。因此，在一些具有重要战略意义的保险领域讨论政策性保险与商业性保险的功能边界是必要的，我们认识到政策性保险的经营领域不是一成不变的，可以根据国家产业战略目标、市场成熟度等情况进行适时动态调整，在市场增进到一定程度时考虑政府退出。下一节即对市场增进理论及其在保险业中应用的相关研究作一回顾。

第三节 市场增进理论及其在保险业务中的应用研究

一、市场增进理论主要观点与亚洲国家经济发展实践相关研究

在1998年市场增进理论被提出之前，经济学界对政府干预是否促进了经济发展进行了长达几十年的讨论，东亚经济发展奇迹与部分提倡全面自由化的国家出现经济危机，使传统经济学"市场至上"的论断受到质疑，这以后逐渐形成了"国家推动发展论"（developmental state view）和"亲善市场论"（market-friendly view）两种观点。"国家推动发展论"主张将

政府干预作为主要工具，政府干预可以弥补市场发展过程中资源协调与分配等出现的市场失灵；"亲善市场论"主张市场能够自发解决市场失灵，仅赞同促进市场效率和发展的政府行为，政府只需通过完善法治和激励机制来规范市场主体行为，或为市场提供一些公共产品，不能直接干预市场自身运转。无论"国家推动发展论"还是"亲善市场论"，都将政府和市场对立起来，把两者看作是资源配置的相互替代机制，"国家推动发展论"更强调政府干预作用，"亲善市场论"则更倾向于偏好市场作用。

青木昌彦等人提出的"市场增进理论"将这一争论引入了新的阶段，阐明了政府与市场有可能具有兼容关系。[①] 该理论认为，政府政策的职能可以促进或补充市场部门缺陷，具有一定协调功能，政府和市场不能只是被视为相互排斥的替代物。也就是说，政府通过特定的政策制定和机制设计，其政策目标可以定位于改善市场私人部门发展环境以及克服其他市场缺陷，从而辅助私人部门的发展。"市场增进理论"把政府视作与市场经济体系相互作用的内在参与者，而不是解决市场失灵问题的外生机构。在该理论看来，政府可以提供一种"相机性租金"，即租金的实现视具体市场表现或结果而定。例如，专利制度就是一个典型例证，如果没有政府制定的专利保护措施，发明人就必须自己采取措施保障发明权益，从而增加了专

---

① 青木昌彦，瑟达尔·丁克. 关系型融资制度及其在竞争中的可行性 [J]. 经济社会体制比较，1998（1）：35-39.

利发明成本；专利保护制度可以强制性地替发明者设置一定期限占有发明租金的权利，从而保护发明者权益，有效刺激全社会的创新活动。

以市场增进理论来观察各国经济发展实践，日本、韩国政府为代表的"东亚发展模式"被认为代表了政府增进市场效率的小国模式，两国政府对金融体系的扶植与干预，为其经济的高速增长做出了积极贡献，这是政府通过设立政策性金融机构，积极干预市场发展，体现政府资金分配意向的特色经济模式。相应地，在中国40多年的改革开放实践进程中，作为同样参与市场发展的政府因素很大程度上弥补了市场缺陷，并没有损害市场机制的发展，中国政府主导市场化改革代表了政府增进市场效率的大国模式。可见，政府因素是可以作为内生因素促进市场化改革发展的。①

此外，市场增进理论的提出引发了对政府和市场职能分工与交互作用的研究。李义奇指出不应简单地将政府因素排除于市场发展之外，而应重视政府在市场发展中的培育功能；王廷惠认为政府在政策制定和实施过程中，应注意促进和完善相关制度，减少直接参与或替代市场主体提供相关的服务；李晓萍在深入探讨政府与市场关系的基础上，提出政府政策的制定目标应当促进市场竞争，维护市场公平，持续完善市场功能，扩大市场的作用领域；庞增安则认为政府与市场的关系是不断变

① 张杰，谢晓雪. 政府的市场增进功能与金融发展的"中国模式"［J］. 金融研究，2008（11）：171-180.

化的，政策的设计和制度安排应结合社会生产力的变化而变化，结合本国的特色、传统和发展理念而制定。此外，部分学者在结合我国特色，对政府和市场的关系作了新的理论构建，如黄先海、宋学印提出的赋能型政府，政府应对市场主体进行中立赋能，提高资源配置的能力和动态竞争力，优化和增进市场，实现市场整体的可持续发展。

二、市场增进理论在保险业中的应用研究

金融发展路径的形成受到一个国家文化、经济基础和所处历史阶段的限制，各国应该选择最适合自己国情的市场形成模式和金融发展模式。从理论上讲，对于像中国这样国情复杂的大国，在金融市场化改革过程中将政府因素与市场因素进行有效组合尤为重要。中国的金融改革与发展实践表明，政府主导的金融市场化进程可以成为市场生成与发展的有效途径[①]，它既避免了市场自然演进的时间成本，又克服了激进化改革可能带来的市场剧烈动荡。金融发展的"中国模式"是政府增进市场效率的大国模式，其运行方式近似于"市场增进论"[②]，即政府致力于制度建设，搭建市场平台，在金融市场机制逐渐完善、市场主体日益成熟之时，政府因素退出。这一模式不同于

---

① 张杰，谢晓雪. 政府的市场增进功能与金融发展的"中国模式"［J］. 金融研究，2008（11）：171-180.

② 皮天雷，郝郎. 金融发展的"中国模式"探析：基于"中国之谜"与制度变迁的视角［J］. 财经科学，2011（9）：16-24.

麦金农（Ronald I. Mckinnon）的"金融抑制论"，因为政府不从民间部门索取租金；同时也区别于赫尔曼（Murdock Hellman）、斯蒂格利茨（Stiglitz）等提出的"金融约束论"，因为金融约束论仍倾向于政府和市场非此即彼的关系，强调市场准入限制等一整套金融约束政策。

保险业作为金融业的组成部分，其行业发展也受到政府因素和市场因素的双重影响。刘易斯（Christopher M. Lewis）和默多克（Kevin C. Murdock）将市场增进理论应用于保险市场的发展中，认为私人保险市场虽然可以通过保险产品为损失提供补偿、通过风险管理服务降低损失发生概率，但其在经营中受到大数法则、长尾效应等较多限制，其产品只能部分解决损失补偿问题，而政府的资源协调及调动能力可以协助私人保险市场的发展，解决市场存在的缺陷，只是要防止政府财政补贴等反过来制约私人保险市场的发展①。

在我国，市场增进理论在农业保险领域的制度设计和巨灾保险领域经营模式等方面受到了研究者重视。有学者通过政府参与农业保险的模型分析，提出政府因素在政策性农业保险中起关键作用，并分析了政府在农业保险发展中的市场增进功能②。也有观点指出应合理界定政府和市场的边界，通过矫正

---

① LEWIS C M, MURDOCK K C. Alternative Means Of Redistributing Catastrophic Risk In A National Risk Management System: The financing of catastrophe risk [M]. Chicago: University of Chicago Press, 1999.

② 王金凤, 赵国新. 农业保险制度设计中政府的市场增进功能研究 [J]. 发展研究, 2011 (1): 87-91.

市场失灵、运用适当的行政手段以及建立市场运行制度等方式为农业保险发展创造良好的制度环境，此外也应考虑随着农业保险的不同发展阶段对相关手段进行调整①。在巨灾保险研究中，有学者认为发展中国家更应注重巨灾保险市场竞争性的培育和发展，创造更好的发展条件②；我国学者进一步探讨了政府如何发挥促进市场发展的作用以及政府干预市场的效果评价③；魏华林（2012）分析了在政府干预市场中面临的三个困境，即公平与效率目标的取舍、政府是否应过早过多干预市场以及如何定位政府的最终角色，指出采取"政府主导、市场运作"模式是巨灾保险市场的一种较好选择④。

三、小结

在理论研究的基础上，农业保险和巨灾保险领域进行了市场增进模式探索。在农业保险方面，我国建立了"政府主导、政策支持、市场运作、农民自愿"的政策性农业保险体系，政府因素与市场因素共同发生作用，全国各省级地区均有若干家

---

① 张祖荣. 我国农业保险保费补贴资金使用效果评价：方法与证据 ［J］. 财政研究，2017（8）：101-111.
② SCOTT A J. Regional motors of the global economy ［J］. Futures, 1996（28）：391-411.
③ 何小伟. 政府干预巨灾保险市场的研究述评 ［J］. 保险研究，2009（12）：115-120.
④ 魏华林，张胜. 巨灾保险经营模式中政府干预市场的"困局"及突破途径 ［J］. 保险研究，2012（1）：21-29.

保险公司经营农业保险，多的能达到 14 家①；巨灾保险方面，在"政府推动、市场运作、保障民生"的原则下，政府负责制度设计、立法保障以及政策支持，多家保险公司与各地政府部门合作，形成共保体承担巨灾风险②。这表明，即使在农业保险、巨灾保险等难以实现传统市场化竞争的保险业细分领域，政府与私人保险市场也并不是挤出和替代关系，而是有效的合作关系。政府在充分发挥私人保险市场基础作用的同时，弥补市场存在的缺陷与不足，提高市场效率。政府不仅是制度的设计者与执行者，还是市场机制的培育者和促进者，更是促进市场发展的内生化因素。

　　农业保险市场和巨灾保险市场均属于一个国家内部的统一市场，而对于"一带一路"建设的海外投资保险市场，沿线国家众多，情况更为复杂。因此，除了研究政策性保险与商业性保险的关系、研究政府与市场的互补之外，还需要研究"一带一路"沿线多个国家中的支点国家选择，以支点国家为优先发展海外投资保险的载体，以点带面，有重点地发展海外投资保险业务，因此，下一节我们对核心—边缘理论及其在保险业的应用研究进行简述。

---

① 庹国柱，王国军，朱俊生.《农业保险条例》的历史作用与修订建议［J］. 中国保险，2022（7）：8-17.
② 何小伟. 政府干预巨灾保险市场的研究述评［J］. 保险研究，2009（12）：115-1270.

第四节 核心—边缘理论与保险资金在"一带一路"
建设中的运用

上一节综述市场增进理论及其在保险业务中的应用研究，讨论的是在某一产业领域，政府因素和市场因素可以相互协作。这些领域往往是在起步时经济效益较低、风险较高，商业性保险不愿意进入，然而随着政策性保险等政府扶持手段的培育和引导，这些领域逐步变得有经济效益，风险水平也会变得商业上可承受，这时商业性保险机构往往有动力进入该领域并发挥作用，政府负担得以减轻、市场效率得以提升。本节则综述核心—边缘理论及其在保险业中的应用，旨在研究市场增进模式在资源有限的情况下，如何选择优先发展的地区载体，以点带面、重点推进，辐射其他地区，为海外投资保险的开发性保险业务经营提供思路。

一、核心—边缘理论主要观点

核心—边缘理论，也被称为核心—外围理论，于 1966 年由弗里德曼（J. R. Fridemna）在《区域发展政策》（*Regional Development Policy*）一书中正式提出，该理论以核心和边缘作为基本结构要素，核心区是社会地域的一个子系统，能创造和吸引大量革新，并对边缘区具有辐射作用；边缘区是另一个子系统，与核心区相互依存，其发展方向主要取决于核心区。任何空间经济系统均可分解为不同属性的核心区和边缘区，核心区与边缘区共同组成一个完整的空间系统。1969 年，弗里德曼进一步将"核心—边缘"空间发展思想归纳为用于解释区际或城乡之间非均衡发展过程的理论模型，阐述一个区域如何由互不关联的孤立发展变成彼此联系而发展不平衡，又如何由不平衡发展变为平衡发展的区域系统。

根据核心—边缘理论，无论是全球、洲际或者国家，均可从空间角度被划分为空间系统。其中，核心区作为空间系统的支点，其行为决策对空间范围内边缘区域具有溢出效应，对全局起到关键的支撑或引导作用。如今，该理论已成为发展中国家研究空间经济的主要分析工具。

二、保险资金"一带一路"投资对核心—边缘理论的应用研究

对核心—边缘理论在保险业的应用研究较少。有学者运用核心—边缘理论对保险资金在"一带一路"沿线众多国家投资战略布局进行了研究。郭金龙课题组（2019）以核心—边缘理论为基础，以影响中国对外直接投资效率的一系列指标为依据，筛选出我国保险资金在"一带一路"沿线布局的支点国家与地区。郭金龙课题组认为，"一带一路"也可以作为一个空间系统，该系统内各国家主体的经济、政治、金融特征更为多

元化，地区间在经济增长能力、对外贸易水平、金融开放程度、地缘政治风险、主权信用等方面差异较大，这一特点决定了核心支点角色在"一带一路"中的作用更为关键。对于我国保险资金机构投资者而言，在探讨"一带一路"业务布局的初期，应首先选择与该区域有影响力的部分核心支点国家合作建立业务，并借助支点国家对所在地区产生积极示范和影响辐射，进一步进行复制与推广，有利于在风险与成本可控的基础上，实现业务战略布局的可持续深入和预期效果。

选择支点国家的具体方法为，将金融生态环境评分与中国在东道国对外直接投资（OFDI）三年流量均值的相关程度作为选择支点国家的总标准，将中国对东道国贸易往来规模、签署项目数量和东道国金融市场深度（以总市值/GDP代表）作为子标准，筛选出基于不同业务特征下的"一带一路"沿线支点，以提高保险资金参与"一带一路"投资和业务布局效率。

三、小结

依据核心—边缘理论对保险资金在"一带一路"沿线众多国家和地区投资进行支点选择战略布局，这一思路可以被借鉴用于海外投资保险业务在"一带一路"建设中的发展布局。海外投资保险业务领域在起步阶段风险较高，经济效益较低，商业性保险公司往往很难进入，只能运用政策性保险机制对该领域进行保障，在初期的发展过后，可能产生某种程度的政府失灵。可以考虑将市场增进理论与核心—边缘理论相结合，依据一定标准选择若干支点国家，政策性保险等政府扶持手段对我国对该国投资的项目保险领域进行培育和引导，优先将政策试行、风险评估、资金支持、保险人才等资源优先布局在支点国家内，这些领域可能逐步变得有经济效益，而且风险水平也会变得商业上可承受，这时商业性保险机构往往有动力进入该领域并发挥作用，政策性保险在政府的引导下可以将主要资源逐步转入其他需要其发挥功能作用的领域，市场效率得以提升。

第五节　"一带一路"国别风险、海外投资保险与中国对外直接投资关系研究

一、"一带一路"国别风险与中国对外直接投资关系研究

关于国家风险对中国对外直接投资影响的研究结论并不一致，存在两种相反的观点。一种观点认为国家风险对中国对外直接投资具有显著抑制作用，另一种观点则认为中国对外直接投资偏好于国家风险较大的国家和地区。这种结论差异主要有以下两方面的原因。

一是不同研究者对国家风险内涵与外延的理解有差异。例

如，有学者仅研究了政治风险的影响①②；有学者选取不同指标和设定不同权重构建了国家风险综合指数③④；也有研究者从投资环境、官僚体系质量、腐败控制和宗教冲突等多个维度研究国家风险，测度了不同侧重点的国家风险，导致了不同结论⑤。多数研究通常只选取某一截面或部分片段对国家风险进行分析与阐释⑥，但由于指标选取和权重设定差异，其国家风险指数的测度重点有所不同，导致结论有所不同。有的观点认为"一带一路"沿线东道国国家风险对中国对外直接投资的影响存在某种"逆向选择"，中国在"一带一路"沿线国家和地区的对外直接投资有显著的政治风险和金融风险偏好性，即中国对外直接投资偏好于国家风险较大的国家和地区，经济风险对中国对外直接投资的影响并不显著；有的观点则认为国家风

① QUER D, CLAVER E, RIENDA R. Political risk, cultural distance and outward foreign direct investment: Empirical evidence from large Chinese firms [J]. Asia Pacific Journal of Management, 2012 (29): 1089-1104.

② 吕越，陆毅，吴嵩博，等."一带一路"倡议的对外直接投资促进效应：基于 2005—2016 年中国企业绿地投资的双重差分检验 [J]. 经济研究，2019 (9)：187-202.

③ 王正文，但钰宛，王梓涵. 国家风险、出口贸易与对外直接投资互动关系研究：以中国—"一带一路"国家为例 [J]. 保险研究，2018 (11)：41-53.

④ 方慧，宋玉洁. 东道国风险与中国对外直接投资：基于"一带一路"沿线 43 国的考察 [J]. 上海财经大学学报，2019 (5)：33-51.

⑤ 付韶军，张璐超. 国家政治风险因素对中国 OFDI 影响研究：基于"一带一路"沿线 54 国数据的实证分析 [J]. 经济问题探索，2019 (9)：112-124.

⑥ 王稳，陈宇旺，张阳，等. 企业海外投资风险、结构性融资与出口信用保险 [J]. 保险研究，2022 (8)：33-47.

险对中国对外直接投资具有显著抑制作用①，总体上良好的双边关系（政治）国家可促进中国对外直接投资的发展②。

二是在国家风险与对外直接投资之间引入了其他因果关系。将寻求市场和寻求自然资源的因素引入，例如，中国对外承包工程为开拓东道国市场而不得不承担相应的国家风险，这是基于东道国市场寻求型的国家风险偏好③；中国对外直接投资存在自然资源寻求偏好，这在一定程度上忽略了国家风险而具有较强的风险偏好④；还有学者在回归方程中加入东道国经济发展水平和自然资源丰富度的控制变量后，中国对外直接投资与东道国国家风险之间的显著正相关关系消失，也支持了以上观点⑤。

二、海外投资保险对对外直接投资的影响研究

关于海外投资保险的系统性理论研究在 20 世纪 90 年代才

---

① 闫帅. 国家风险、海外投资保险与中国对外直接投资 [J]. 保险研究，2022
（5）：3-16.
② 姜丽群，张新蕾，黄江英. 双边政治关系、投资动机与对外直接投资：基于
12 个主要交易国面板数据的实证研究 [J]. 哈尔滨商业大学学报（社会科
学版），2020（5）：55-66.
③ 曾剑宇，蒋骄亮，何凡. 东道国国家风险与我国对外承包工程：基于跨国面
板数据的实证研究 [J]. 国际商务，2017（6）：6-18.
④ 黎绍凯，张广来，张杨勋. 东道国投资风险、国家距离与我国 OFDI 布局选
择：基于"一带一路"沿线国家的经验证据 [J]. 商业研究，2018（12）：
39-48.
⑤ 杨娇辉，王伟，王曦. 我国对外直接投资区位分布的风险偏好：悖论还是假
象 [J]. 国际贸易问题，2015（5）：133-144.

开始展开，主要包括海外投资保险功能和需求影响因素这两大领域。国外学者关注保险业与企业对外发展的关系问题，普遍认为公共保险机制对企业对外发展有正向的促进功能。例如，信用风险和政治风险会影响海外投资和贸易，公共保险和私人保险机制对化解企业海外贸易和投资风险有重要作用①；海外私人投资公司能增加美国对发展中国家的对外投资，而是否购买政治保险则体现了非洲等欠发达地区对待风险的态度②。有学者对德国企业进行了问卷调查，调查结果发现影响海外投资保险需求的主要因素是政治风险高低与保险费率公平性，政治风险越高、费率越公平，海外投资保险需求越旺盛③。

此外，有观点认为海外投资保险还具有杠杆融资功能和某种震慑功能④。海外投资保险的杠杆融资功能主要表现在，保险机构通过向海外长期投资者提供海外投资保险对其进行增信，从而解除银行对跨国投资（尤其是长期投资）贷款的后顾之忧。一方面，海外投资保险机构凭借自身对政治风险管理的

① ABRAHAM F, DEWITT G. Export promotion via official export insurance [J]. Open Economics Review, 2000, 11 (1): 5-26.

② GORDON K. Investment guarantees and political risk insurance: institutions, incentives and development [J]. OECD Investment Policy Perspectives, 2009 (2): 91-122.

③ BRAUN A, FISCHER M. Determinants of the demand for political risk insurance: Evidence from an international survey [J]. The Geneva Papers on Risk and Insurance-Issues and Practice, 2018, 43 (3): 397-419.

④ GILL D G, WILSON B, HACKNEY J V, et al. Legal principles and practices relating to private foreign investment [J]. Proceedings of the Annual Meeting (American Society of International Law), 1983 (77): 14-16.

专业化优势，承担投资商或贷款人不愿意承担的政治风险，提高了风险收益率，多元化了融资来源。① 另一方面，作为重要的融资工具，海外投资保险能够提高项目的投资级别②，降低融资成本③。海外投资保险可能带来的震慑功能则体现为，为了促使东道国维持投资便利条款或对其被保险人实施管制豁免，有政府背景的保险机构可能通过对一国暂停承保，甚至依靠国家公权力对东道国违反投资协议的行为施加压力。

国内学者也认识到海外投资保险对对外直接投资的促进作用。④

三、小结

理论研究方面，已有研究认识到了国家风险、海外投资保险对中国对外直接投资的重要影响，并进行了理论探索。实证研究方面，已有研究主要考察了国家风险对对外直接投资的影响，但由于数据可得性限制，关于海外投资保险对对外投资影响的实证研究较为匮乏。

---

① GALVAO D. Political risk insurance：Project finance perspectives and new developments ［J］. The Journal of Structured Finance，2001，7（2）：35-42.

② ALDERDICE P，HORWICH H，FELDMAN R D. Risk finance for project finance：The expanding horizon of credit enhancement ［J］. The Journal of Structured Finance，2001，6（4）：30-35.

③ GALVAO D. Political risk insurance：Project finance perspectives and new developments ［J］. The Journal of Structured Finance，2001，7（2）：35-42.

④ 郭玲."一带一路"背景下我国海外投资保险制度的立法构想 ［J］. 西南金融，2019（8）：11-19.

本报告在第三章第一节基于中国信保国家风险评级数据和业务数据，对国家风险、海外投资保险对对外直接投资的影响机制进行实证检验，并研究这种影响机制在"一带一路"沿线国家和非"一带一路"沿线国家的异质性。这部分实证内容能够支持开发性保险的提出以及核心—边缘理论在开发性保险选择战略支点国家时的应用。

第六节　总体研究评价

整体而言，国内外学者提供了丰富而有价值的研究基础。国外文献大量涉及各国海外投资保险市场的政府失灵和市场失灵问题、市场增进理论与核心—边缘理论研究，具有一定理论指导意义；国内文献则重视国际贸易领域保险经营模式国际对比及功能研究、业务研究，具有较强的政策实践意义。结合文献梳理，在"一带一路"倡议大背景下，由于沿线国家市场环境、制度环境等方面差异的复杂性，我国对外投资项目的海外投资保险业务所面临的风险呈现分化特征，有些国家政治风险较小，营商环境较好，另一些国家则政治风险较大，营商环境极不稳定。为了更深入地考察对外投资项目的风险成因，探讨切实合理的风险应对模式，我们认为未来的研究趋势可能体现为，更细致地分析当前海外投资保险的市场绩效，研究"一带一路"建设推进中沿线国家高风险业务的保险分担机制，基于市场增进理论与核心—边缘理论，探索海外投资保险弥补各种失灵问题的创新发展模式。

本书具体包括以下研究主题：①研究东道国国家风险对我国 OFDI 规模的影响以及这种影响在"一带一路"沿线国家与非沿线国家的异质性，凸显"一带一路"沿线国家的风险特征；②研究海外投资保险对我国 OFDI 规模的影响以及这种影响在"一带一路"沿线国家与非沿线国家的异质性，考察海外投资保险对"一带一路"建设的保障效应；③分析"一带一路"建设实际推进中我国海外投资保险业务的政府失灵和市场失灵问题，运用市场增进理论与核心—边缘理论，重构现阶段下我国对外投资项目适用的保险模式；④探讨"一带一路"倡议下海外投资保险模式的具体实施路径、分担机制和政策配套。

第三章

对外投资风险、OFDI 规模与我国海外投资保险业务分析

本章将采用"项目—风险—保险"的分析框架，分析中国对外直接投资总体情况与主要特征、对外投资企业及项目面临的六大风险、我国海外投资项目总体保障，并结合第二章文献中政府失灵和市场失灵问题分析中国海外投资保险目前的业务情况。此外，运用计量方法研究国别风险、海外投资保险机制对我国对外直接投资规模的影响，并探讨"一带一路"倡议提出后对国内保险业的影响效应，为运用市场增进理论与核心—边缘理论提出海外投资保险由政策性保险、开发性保险、商业性保险相结合的"三位一体"保险新模式提供实证支持。

第一节 我国海外投资情况与海外投资风险

近三年，中国政府统筹国内和国际、统筹疫情防控和经济社会发展、统筹发展和安全，坚持稳中求进的工作总基调，全

面贯彻新发展理念，加快构建新发展格局，推动共建"一带一路"高质量发展。2021年，世界经济总量增长6.1%，全球外国直接投资反弹，投资流出额达1.7万亿美元，与2020年相比增长119%，与2019年相比增长52%。中国对外直接投资额1788.2亿美元，比上年增长16.3%，位列世界第二①。我国海外投资迅猛增长的同时，也面临各种各样的新风险，包括"一带一路"沿线国家和地区政治不稳定和市场经济建设不完善等，导致对外投资项目的多样化保障需求的产生。

一、我国对外直接投资总体情况及主要特征

中国商务部《2021年度中国对外直接投资统计公报》数据显示，无论从对外直接投资净额（以下简称流量）还是对外直接投资累计净额（以下简称存量）看，我国均位列全球前三位。从流量看，2021年，中国对外直接投资净额为1788.2亿美元，比上年增长16.3%。其中新增股权投资531.5亿美元，占29.7%。从存量看，截至2021年年底，中国2.86万家境内投资者在国（境）外设立企业，设立的企业分布在全球190个国家（地区），总数为4.6万家，年末境外企业资产总额8.5万亿美元。对外直接投资累计净额27851.5亿美元，其中股权投资15964亿美元，占57.3%。

联合国贸易和发展会议发布的《2022世界投资报告》显

---

① 数据来源：2021年度中国对外直接投资统计公报。

示，2021 年，全球对外直接投资流量 1.7 万亿美元，年末存量 41.8 万亿美元。2021 年，中国对外直接投资流量占全球当年流量的 10.5%，在全球排名第二；存量占全球当年存量的 6.7%，在全球排名第三位。截至 2021 年，中国企业对"一带一路"沿线国家和地区投资情况：2021 年流量 2414990 万美元，2021 年年末存量 21383686 万美元。

我国海外投资迅猛增长的同时，也面临一系列新风险。总体来看，其特征主要表现在以下方面。

1. 海外投资总体稳健，高风险地区投资有所增长。自 2003 年以来，中国已连续十年位列全球对外直接投资流量的前三位，对世界经济的贡献日益凸显。2021 年，中国对外直接投资流量是 2002 年的 66 倍，年均增长速度高达 24.7%。2013 年以来，中国累计对外直接投资达 1.34 万亿美元，相当于存量规模的 48.2%，连续六年占全球份额超过 10%，在投资东道国国家（地区）累计缴纳各种税金 3682 亿美元，年均解决超过 200 万个就业岗位，中国在全球的影响力不断扩大。

"一带一路"倡议提出后，中国按照先中亚、俄罗斯，后南亚、东南亚，再中东、非洲，最后欧洲的地缘推进原则，对"一带一路"沿线国家和地区的投资显著增长。2021 年，中国企业对外投资并购分布在全球 59 个国家（地区），对"一带一路"沿线国家和地区投资并购规模大幅增长，并购金额 62.3 亿美元，较上年增长 97.8%，占并购总额的 19.6%，涉及实施并购项目 92 起。其中印尼、新加坡、越南、哈萨克斯坦、阿联酋、埃及、土耳其吸引中国企业并购投资均超 3 亿美元。①

总体来看，"一带一路"沿线国家和地区多为发展中经济体，对华关系较好，市场广阔，发展潜力大，符合我国对外直接投资的需求。当然，很多发展中经济体的经济基础较为薄弱，经济结构与债务结构不合理，营商环境排名相对靠后，导致经济稳定性不强、偿债能力差；部分西亚国家政权更迭频繁，政治风险较高；此外，社会风险也较大，例如，各类内部冲突不断、社会安全隐患多、政府对资本和劳动力流动性存在限制等。从 2021 年《中国海外投资国家风险评级报告》来看，沿线政治风险比较低的国家只有新加坡、阿曼、斯里兰卡、文莱和马来西亚，其他国家或地区大多面临政局动荡、民族宗教冲突、腐败与排华等问题，政治风险居高不下。例如，在中国对其直接投资存量超过 10 亿美元的 23 个国家中，部分国家的评级为 BB，如伊朗、塔吉克斯坦、土耳其、埃及、乌兹别克斯坦和巴基斯坦，存在较高的投资风险。②

---

① 中华人民共和国商务部，国家统计局，国家外汇管理局.2021 年度中国对外直接投资统计公报［M］.北京：中国商务出版社，2022.

② 中国社会科学院国家全球战略智库国家风险评级项目组，中国社会科学院世界经济与政治研究所国际投资研究室.中国海外投资国家风险评级报告（2021）［M］.北京：中国社会科学出版社，2021.

表 3-1 "一带一路"沿线国家风险评级(2021)

排名	国家	地区	是否发达国家	评级
1	新加坡	东亚	1	AA
2	阿联酋	西亚	0	A
3	卡塔尔	西亚	0	A
4	爱沙尼亚	中东欧	0	A
5	以色列	西亚	1	A
6	捷克	中东欧	1	A
7	波兰	中东欧	0	A
8	斯洛文尼亚	中东欧	1	A
9	匈牙利	中东欧	1	A
10	立陶宛	中东欧	0	A
11	柬埔寨	东亚	0	A
12	马来西亚	东亚	0	BBB
13	保加利亚	中东欧	0	BBB
27	希腊	中东欧	1	BBB
28	科威特	西亚	0	BBB
29	土库曼斯坦	中亚	0	BBB
30	巴林	西亚	0	BBB
31	阿尔巴尼亚	中东欧	0	BBB
32	缅甸	东亚	0	BBB
33	蒙古	东亚	0	BBB
34	越南	东亚	0	BBB
35	泰国	东亚	0	BBB
36	吉尔吉斯斯坦	中亚	0	BBB
37	孟加拉国	南亚	0	BBB
38	斯里兰卡	南亚	0	BBB
39	约旦	西亚	0	BBB

续表

排名	国家	地区	是否发达国家	评级	排名	国家	地区	是否发达国家	评级
14	俄罗斯	独联体	0	BBB	40	黎巴嫩	西亚	0	BBB
15	印度尼西亚	东亚	0	BBB	41	印度	南亚	0	BBB
16	哈萨克斯坦	中亚	0	BBB	42	巴基斯坦	南亚	0	BB
17	罗马尼亚	中东欧	0	BBB	43	乌兹别克斯坦	中亚	0	BB
18	塞浦路斯	中东欧	1	BBB	44	白俄罗斯	独联体	0	BB
19	亚美尼亚	独联体	0	BBB	45	埃及	非洲	0	BB
20	老挝	东亚	0	BBB	46	乌克兰	独联体	0	BB
21	阿塞拜疆	独联体	0	BBB	47	塔吉克斯坦	中亚	0	BB
22	克罗地亚	中东欧	0	BBB	48	土耳其	西亚	0	BB
23	沙特阿拉伯	西亚	0	BBB	49	伊朗	西亚	0	BB
24	阿曼	西亚	0	BBB	50	摩尔多瓦	独联体	0	BB
25	菲律宾	东亚	0	BBB	51	伊拉克	西亚	0	B
26	拉脱维亚	中东欧	0	BBB					

2. 海外投资的行业分布集中于东道国基础设施、能源及交通运输领域。"一带一路"倡议提出后，中国对外直接投资按照先竞争性领域、后自然垄断性领域、再公共产品性领域的产业递进原则，涵盖了国民经济的 18 个行业大类，其中，流向交通运输/仓储和邮政业、批发和零售业、制造业、金融业、租赁和商务服务业的投资均超过百亿美元。2021 年年末，中国境内对外直接投资者超过 2.8 万家，其中在"一带一路"沿线设立境外企业超过 1.1 万家。从当年并购金额看（表 3-2），电力/热力/燃气及水的生产和供应业 80.3 亿美元，居首位，涉及 44 个项目；制造业 63 亿美元，位居次席，涉及 128 个项目；采矿业 47.4 亿美元，居第三位，涉及 25 个项目。

表 3-2　2021 年中国对外投资并购行业构成

行业类别	数量（起）	并购金额（亿美元）	金额占比（%）
电力/热力/燃气及水的生产和供应业	44	80.3	25.2
制造业	128	63.0	19.8
采矿业	25	47.4	14.9
交通运输/仓储和邮政业	20	32.8	10.3
租赁和商务服务业	38	27.9	8.8
科学研究和技术服务业	84	15.9	5.0
信息传输/软件和信息技术服务业	70	13.7	4.3
批发和零售业	58	12.6	4.0

行业类别	数量 （起）	并购金额 （亿美元）	金额占比 （%）
金融业	4	8.7	2.7
文化/体育和娱乐业	3	4.5	1.4
卫生和社会工作	4	3.4	1.1
建筑业	5	2.9	0.9
居民服务/修理和其他服务业	2	2.6	0.8
其他	20	2.5	0.8
总计	505	318.2	100.0

资料来源：2021 年度中国对外直接投资统计公报。

相对而言，我国企业在"一带一路"沿线大部分国家投资较为集中的产业主要是基础设施、能源及交通运输产业，这些产业往往被认为关系到国家安全和产业安全，极易受到东道国政府和民众关注甚至干涉，因此，中国企业应密切关注这些领域的政治风险。

3. 海外投资风险的承担主体多为公有经济主体。2021 年，中央企业和单位对外非金融类直接投资流量 442.9 亿美元，占非金融类流量的 42.3%，比上年增长 30.7%，地方企业 877.3 亿美元，比上年增长 3.4%，占 57.7%。在中国对外非金融类投资流量中，公有经济控股对外投资 821.2 亿美元，占 54%，比上年增长 22.8%；非公有经济控股的境内投资者对外投资

699 亿美元，占 46%，较上年下降 4.1 个百分点。我国非金融类对外投资主体中，国有企业仍然是我国海外投资的主力军，其数量占比超过 50%，因此是海外投资风险的主要承受者。首先，国有企业数量多、投资额大，可能遭遇的风险就越多。其次，国有企业对海外能源矿产、电力、大型设备等行业的投资居多，如上文所述，这些产业关系到一国的国家安全、产业安全和技术安全，受到东道国密切关注，属于政治风险高发领域。最后，在国际投资环境中，"一带一路"沿线国家和地区往往主权意识强烈，很多东道国认为有政府背景的投资者身份敏感并可能是我国政府重点支持的对象，有导致本地市场产生垄断的嫌疑，因此容易产生排斥心理，并对中国国有企业投资怀有"新殖民倾向"的担忧。

综上所述，我国对外直接投资的主要特征表现在高风险地区投资有所增长、高风险行业投资较为集中、投资风险承担主体多属公有经济身份，这些特征使我国"走出去"战略所面临的投资风险挑战进一步加大。

二、海外投资项目面临的五大风险

"一带一路"倡议下，我国与沿线国家和地区的主要合作领域包括基础设施建设和产能合作，主要合作方式包括贸易便利化、投资便利化、政策协调、公共服务共享、农业和粮食安全合作五大方式。具体而言，基础设施建设包括中巴经济走廊、中蒙俄经济走廊、孟中印缅经济走廊、新亚欧大陆桥经济走廊、中国—中南半岛经济走廊、中国—中亚—西亚经济走廊；产能合作则包括中国—哈萨克斯坦产能合作、中国—埃及产能合作、中国—印度尼西亚产能合作等。五大合作方式中，贸易便利化指建设物流大通道，提高通关效率，全面推进人民币跨境结算；投资便利化指签署避免双重征税协定、双边投资保护协定；政策协调指建立政府间双边协调机制和区域内国家间合作机制；公共服务共享指建立亚洲基础设施投资银行等新的多边金融机构，推进周边互联互通建设；农业和粮食安全合作指建立粮食安全基金，推动对外农业合作。

"一带一路"建设在推动我国对外投资增长的同时，上述基础设施建设和产能合作领域更容易遭遇沿线国家和地区的极大风险，我们关注海外投资保险业务相关的风险，分别从地理区域特点、海外投资项目属性、其他衍生风险、中国信保承保政策以及"一带一路"沿线业务赔款特点这五方面来进行分析。

第一，从地理区域特点来看，"一带一路"沿线国家和地区的国别风险（主要体现为政治风险）较高。近年来，国际安全形势日趋严峻，一些西方国家频繁在国际社会制造矛盾和分歧，传统安全压力和风险逐步上升。多数"一带一路"沿线国家和地区处于亚非欧地缘政治敏感区和风险集中带，地理位置优越，并拥有丰富的能源资源储备，堪称国际竞争的制高点，引得大国在这些国家与地区博弈，如伊朗、叙利亚、乌克兰等，地缘政治关系相对紧张，区域和国家风险显著。此外，各国经济发展阶段差异大，不同文明、宗教及其他力量交汇，一些国家的政治局势复杂多变、贸易投资法律体系不完善、经济政策朝令夕改、文化背景差异下容易产生误解与猜疑等，使我国投资项目的商贸环境存在很大不稳定性，时常面临反垄断调查、贸易调查和国家安全审查等政治法律风险挑战。分区域来看，东南亚、中亚地区的局势近年基本保持平稳，但东南亚面临政治和经济转型的压力，中亚地区的宗教极端主义和恐怖主义带来威胁，不稳定因素增加。西亚地区局势动荡，短期内无法解决错综复杂的社会矛盾。在南亚地区的巴基斯坦与阿富汗，政府执政能力受到制约，政局稳定性不足，两国经常对领土、宗教和种族事务产生分歧。印度虽然较为稳定，但国内发展不平衡，政治势力林立，国内矛盾较为尖锐。

第二，从海外投资项目属性看，海外投资项目多为中长期项目，项目普遍金额大、融资结构复杂、资金回收周期长，企业在对外投资运营时遇到的各类政治风险往往是难以回避的系统性风险，这类风险由企业自身不可抗拒或无法控制的国家因素所导致，像战争、社会冲突、主权国家违约等海外突发政治风险极易使投资企业发生惨重损失，并且很难寻求救济或补偿。据对中国企业海外投资失败案例的分析统计，2005—2014年间，有25%的投资项目因为政治原因导致失败，其中，有8%的投资项目失败是在投资审批等环节因东道国政治派系力量阻挠而导致；有17%的投资项目损失是在运营过程中因东道国的政治动荡、领导人更迭等原因而引发。① 例如，墨西哥墨克高铁项目在当地政府宣布我国企业中标 3 天后即被撤销项目；投资企业在东道国的办公室等遭到破坏，项目被迫中断运营；在乌克兰、缅甸等国家，有时因政权更迭导致投资项目延期或打击政敌资产及签署的项目，有时因为环境政治运动而提高对我国企业投资项目的环保标准要求等。部分中国企业"走出去"时间短，辨别和防范风险能力不足，面对东道国错综复杂的民族宗教冲突，风险化解手段还有待提升。

第三，从其他衍生风险来看，法律风险与政策风险最为突出。首先，除了政治风险之外，法律风险是中国企业对外投资面临的最大风险。"一带一路"沿线国家和地区在国家安全、反垄断、环境保护、劳工、税务以及行业限制等方面针对外国直接投资有不同政策和法律规定，这些规定还常常因为外部政治经济环境的变化而变动，给中国"走出去"企业增加了潜在的法律风险。在中国对外投资失败的项目中，有 16% 的投资项目是直接或间接因为法律原因导致投资受损或最终被迫停止投资。特别是法律风险中的环境保护风险较为常见，指由于满足环境法规要求而增加的新资产投入或迫使项目停产、企业在投资生产过程中采取的环境保护措施达不到当地民众预期而引发抗议甚至损失的风险。在缅甸、中非、智利、墨西哥等国家，中国企业都遭遇过环保引发的风险。其次，政策风险的后果最

---

① 数据来源：中国"一带一路"网。

终也会以法律风险的形式呈现。政策风险是指东道国的政权虽然没有变化，但政府对外资的政策发生变化的风险，同样也会给投资企业造成经营上的困难。从 2005 年至今，在"一带一路"沿线的主要国家中，泰国、俄罗斯等国家有关外国投资的政策都有过变化。2006 年，俄罗斯出台了关于规范外来移民就业等有关法规，明确规定了在俄罗斯从事商贸零售的企业雇佣俄罗斯本地人的比例；2007 年，泰国政府修订《外国人经商法》，波及超过一千家在泰国外资公司必须调整股份结构，其中，中资家电制造企业等也受到影响；2009 年，委内瑞拉政府宣布实施国有化，一些国家的能源投资企业因此遭受重大损失。虽然大多数国家的政策相对稳定，但不排除因为政局变动、领导人更迭而导致政策变化的情况，尤其是在"一带一路"沿线政局不稳定的国家，需要特别注意。

第四，从中国信保海外投资项目相关保险的承保政策来看，其承保政策单一、业务风险混杂。海外投资项目相关保险包括短期出口信用保险业务、中长期出口信用保险业务、海外投资保险业务、各类财产保险和人身保险，保险机构对这类海外业务经营并未根据风险加以区分。例如，有的保险公司将"一带一路"业务与非"一带一路"业务经营混在一起，承保政策没有根据业务性质及国别风险的变化而进行差异化区分，仅在后期统计数据时单独统计；国家对政策性保险机构在较高风险的"一带一路"业务方面尚无差异化支持。

第五，从"一带一路"沿线业务赔款特点来看，此类业务赔款的隐性风险极高。当前国际基础设施工程承包等领域的国际竞争更多表现在融资条件的竞争上，很多承包企业不得不一再满足东道国业主的融资需求，例如，提供更大的融资比例以及更大占比的尾款，或者延长融资期限或放宽还款期①，导致资金风险升高。2013年到2019年，中国信保面向"一带一路"沿线投资和出口的承保规模累计超过7000亿美元，累计承保对外直接投资项目近2300个②，然而，很多项目还在施工过程中，工程未到还款期，很多风险进入偿还期后才会显现，隐性风险也即长尾风险很高。也就是说，海外投资项目往往有很长的风险滞后期，这需要保险机构审慎评估和提取准备金。

三、海外投资项目总体保障情况

（一）海外投资项目保险保障相关政策演进

提出"一带一路"倡议之前，中国关于海外投资保险的成文规定中，以2005年商务部与中国出口信用保险公司共同发布的《关于实行出口信用保险专项优惠措施支持个体私营等非公有制企业开拓国际市场的通知》较为典型，这一政策为非公有制企业到海外投资提供了保险保障，但总体上海外投资保险相关政策较少。提出"一带一路"倡议之后，更多促进海外投

---

① 康民. 以出口信用险应对"一带一路"的风险挑战：专访中国出口信用保险公司董事长王毅［N］. 中国保险报，2015-05-07（1）.

② 李惠茹，蒋俊. 中国对外直接投资的政策演变与效果实证［J］. 河北大学学报（哲学社会科学版），2019，44（6）：68-79.

资保险发展的政策纷纷出台，例如，2013 年，原保监会（现国家金融监督管理总局）发布《关于保险业支持经济结构调整和转型升级的指导意见》，提出促进出口信用保险积极为企业对外贸易和"走出去"提供投资、运营等方面的一揽子服务；2016 年，《国务院关于促进外贸回稳向好的若干意见》支持金融机构进一步扩大出口信用保险保单融资规模；2017 年，原保监会（现国家金融监督管理总局）发布《关于保险业服务"一带一路"建设的指导意见》，正式提出构建"一带一路"建设保险支持体系，为"一带一路"建设提供全方位保险服务和保障。

海外投资项目保障政策中，2017 年，《关于保险业服务"一带一路"建设的指导意见》是保险监管部门针对服务"一带一路"建设发布的纲领性文件，其重要性不言而喻。文件规定了"一带一路"建设的保险服务推进原则、涉外保险业务的不同经营主体、对外投资项目所需保险产品和服务等方向性内容，为保险业更好地参与"一带一路"指出了发展方向。保险服务推进原则方面，指出"要围绕'一带一路'建设的重点区域、重点方向、重点领域，先易后难、由点及面"，统筹推进保险服务。经营主体方面，"鼓励政策性保险机构扩大中长期出口信用保险覆盖面，增强交通运输、电力、电信、建筑等对外工程承包重点行业的竞争能力。……鼓励政策性保险机构加快发展海外投资保险……，推动放开短期出口信用保险市场"。保险产品和服务方面，"要综合运用中长期出口信用保险、短期出口信用保险、海外投资保险、资信评估等产品和服务，加大对'一带一路'沿线国家的支持力度。……加快特种保险业务国际化进程，服务航空航天、核能及新能源等高新领域的国际合作"。

（二）海外投资项目的保险保障情况

截至2021年年底，中国2.86万家境内投资者在国（境）外设立企业，这些企业分布在全球190个国家（地区），共计4.6万家，年末境外企业资产总额8.5万亿美元。其中很多企业分布在"一带一路"沿线等欠发达地区，政治风险巨大，如果在东道国投保的话，很多国家的保险体系不健全，往往很难在当地获得信用风险保障、政治风险保障等服务，这种背景下，必须依靠我国保险机构为海外投资项目提供保险保障服务。

中国境内为海外投资项目提供保险服务的机构包括政策性保险公司和商业性保险公司两大类。政策性保险公司主要提供出口信用保险、海外投资保险等政策性保险，商业性保险公司则主要提供政策性保险业务之外的其他各类保险业务，如各类财产保险、人身保险等。本书主要分析的是海外投资保险业务。

从政策性保险业务看，中国出口信用保险公司作为中国唯一一家政策性保险公司，业务覆盖"走出去"企业在交通基础设施、通信设备和电力工程等多个重点领域的风险保障。"一带一路"倡议提出后，中国信保有倾向性地把保险政策和资源投向"一带一路"的重点合作领域，海外投资保险的重点支持领域包括能源资源合作、优势产能转移、农业走出去项目、境外经贸合作区以及收购类业务等。① 鼓励政策主要有：对所有海外投资企业的保费支出给予补助，补助最高可达保费的50%；若项目是在"一带一路"倡议中，可将补助增加到60%；各地政府为本地"走出去"企业提供资金支持，例如，扬州市设立"走出去"专项资金，用于鼓励积极拓展"一带一路"沿线国际市场，扶持项目中包含海外投资和承包工程保险补助。

2021年当年，中国信保对中国企业海外投资的承保金额超过8301.7亿美元，其中，海外投资保险承保金额逐年增长，2021年达到661.2亿美元，同比增长5.7%，出具保单953张（新签保单212张），承保项目覆盖印度尼西亚、巴基斯坦、越南、刚果（金）、哈萨克斯坦等90个国家（地区）；业务主要分布在电力生产和供应（34.7%）、其他制造业（19.5%）、其他采矿业（17.9%）等行业。2021年全年支持对"一带一路"沿线国家和地区出口和投资1699.6亿美元，增长11.3%，支付赔款3.3亿美元。② 中国信保与"一带一路"沿线相关机构签署合作协议近60份，与全球近300多家金融机构广泛开展合作。

---

① 专访中国信保董事长王毅：力保"一带一路"究竟难在哪？［EB/OL］. 新华网，2016-04-27.
② 数据引自中国出口信用保险公司网站。

单位：亿美元

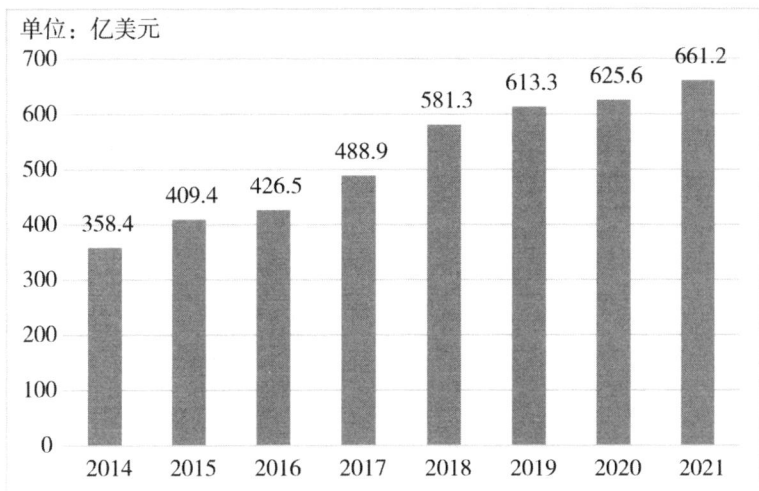

资料来源：根据中国出口信用保险公司历年年报数据整理而得。

图 3-1　2014—2021 年我国海外投资保险承保金额变化

不过，政策性保险无法对海外项目从投标、工程、运营、交付等全生命周期中的财产和人员所面临的自然灾害、法律责任、传染病等种类繁多且复杂的风险提供保障。后疫情时代，全球经济不稳定性、不确定性增强，部分国家主权债务违约风险上升，传统的以政策性保险为主的保障模式，不仅无法满足当前的保障需求，难以持续，也不符合国际惯例，"走出去"企业需要国际通行的、商业化运作的保险保障和服务，以便更有效地防范和化解境外投资风险，这就需要商业性保险机构的参与。

从商业性保险业务看，除了政策性保险业务之外的全周期风险和保险需求，主要由东道国当地的保险公司而不是由我国商业保险公司承保，这与很多东道国政府及企业的要求有关。
国内商业性保险机构在海外投资项目保险市场上存在有效供给
结构性失衡现象，国内主要商业保险公司对中国海外利益财产
险和工程险的供给仅占总需求的15%左右，覆盖率严重不足。
并且，国内保险业对境外特殊风险缺乏自主开发的产品和稳定
的再保险支持，导致部分风险应保未保。例如，国内保险业在
海外投资项目履约保证、工程职业责任、延期完工责任、战争
暴动、恐怖主义、疾病医疗等各种新型风险保障的产品开发落
后于市场需求。① 不过，我国商业性保险公司对这些项目的某
些一般风险也有参与保障，包括财产损失风险、意外伤害风
险、第三者责任、货物运输风险等。例如，中国人寿将保险服
务领域延伸到"一带一路"沿线国家和地区，构建起意外、新
冠疫情、医疗费用、紧急救援和住院津贴等多层次境外人员保
障体系。② 表3-3列明了一个海外投资项目全周期的风险和保
险需求，而除了政治类风险之外，大部分风险都由商业保险公
司承保。

---

① 金振毅. 新冠疫情下中国保险业如何更好地服务"一带一路"对外承包工
程 [J]. 中国保险, 2022 (3)：26-29.
② 王笑. 保险业服务"一带一路"水平不断提升 [N]. 金融时报, 2022-01-
26 (10).

表 3-3 海外投资项目全周期的风险和保险需求

	项目开发阶段	融资阶段	建设阶段	运营和生产阶段	终止营业阶段
关键风险点	·前期设计、勘探 ·人员（医疗和撤离）	·可行性评估 ·详细设计	·总包/分包/业主 ·运输、施工 ·人员	·生产、采购、运输 ·雇员/运营者 ·客户与供应商	·项目停运 ·现场清理、复原
风险转移/保险产品	·财产损失 ·意外伤害/差旅保障 ·雇主责任 ·第三方责任	·政治风险 ·信用风险 ·董事高管责任	·财产损失 ·法律责任 ·环境责任 ·恐怖主义 ·延迟完工 ·货物运输 ·雇主责任 ·绑架勒索	·信用风险 ·财产损失 ·公众/产品责任 ·营业中断 ·货物运输责任 ·董事高管责任 ·环境责任	·环境破坏责任 ·保证和赔偿责任 ·第三者责任

值得一提的是，我国在为"一带一路"建设提供商业性保险服务方面进行了很多努力，标志性事件是"一带一路"再保险共同体的成立。2020 年 7 月，中国"一带一路"再保险共同体（以下简称"共同体"）成立，于当年 11 月正式运营。共同体定位为保险业服务"一带一路"建设的合作组织，业务范围是为中资企业参与"一带一路"建设及相关中国海外利益提供保险业务。① 目前已有 23 家保险公司加入共同体，聚焦国内保险业保障空白和技术薄弱的特殊风险领域，致力于研发更适合中国企业的保险产品，本着"先行先试，逐步拓展"的原则推出了政治暴力险、含延期完工责任的建筑安装工程保险及附加险、含延期完工责任的工程项目货物运输保险及附加险、恐怖主义险这四个险种，积极参与中资海外重大项目招投标，为中国海外利益提供稳定的承保能力和基础技术，有效防范和化解了中国企业"走出去"的境外风险。例如，中国与俄罗斯两国国家元首见证签署的项目——中俄阿穆尔天然气化工项目，在含延迟完工责任的工程险项目中，中资保险业提供的保障比例超 50%，是我国保险业在海外重大项目参与份额上的重大突破。2022 年，"一带一路"再保险共同体成员公司为中国海外利益（财产类）提供近 3.3 万亿元人民币的保险保障，同比增长 19%。②

---

① 李梦溪. 中国"一带一路"再保险共同体成立一周年［EB/OL］. 中国银行保险网，2020-07-29.

② 于泳. 保险业协同发力支持对外开放［N］. 经济日报，2023-10-12（7）.

四、"一带一路"倡议对国内保险业的影响及地区异质性

从基本属性上看,"一带一路"建设与保险业的资金特征和经营业务是相契合的。"一带一路"建设以基础设施为主要领域,该领域所需资金往往额度大且具有长期稳定性,更需要对财产、人身所面临的风险进行保障,而保险资金恰好具有来源稳定、金额巨大、需长期保值增值等特点,一般商业性保险机构业务经营范围包括财产保险和人身保险,能够为"一带一路"项目提供所需的普通财产和人身风险保障,因而保险业的经营范围和资金特征符合"一带一路"建设需要,这成为促进国内沿线地区保险业发展的内在驱动力。

对外投资项目保险除海外投资保险外,也包括项目所涉及的各类财产保险、人身保险等。这些涉外项目所需的财产保险、人身保险保障往往由国内商业性保险公司承保,国内保险业的发展和承保实力对海外投资项目风险保障具有重要意义。本部分从实证上证明了"一带一路"倡议对国内保险业尤其是沿线省区市保险业的发展具有积极作用,提升了国内商业性保险机构的承保能力和大型项目风险保障经验,为更好地参与海外投资风险保障夯实了基础。

本部分关注的问题是,"一带一路"倡议对我国各地区保险市场的影响是怎样的?"一带一路"倡议对各地区保险市场发展是否构成异质性影响?本书使用31个省区市2006—2018年的面板数据,运用固定效应模型,从是否沿线省区市、省区

市发达程度两个维度进行分析,对上述问题进行考察。[1]

(一)模型建立与变量说明

本书采用2007年至2019年中国31个省、区、市保费收入面板数据[2],运用固定效应模型研究"一带一路"倡议对我国保费收入的影响,控制变量选取地区GDP、人口数、进口额和出口额等。

建立以下模型:

$$LnY_{it} = \beta_0 + \beta_1 Initiative + \beta_2 Group + \beta_3 Initiative^* Group + \beta_4 LnZ_{it} + \varepsilon_{it}$$

其中,i表示不同地区,t为年份,Y为被解释变量,Initiative、Group以及Initiative与Group的交互项表示模型的解释变量,Z表示控制变量,ε_{it}是误差项。

下表为变量说明表:

表3-4 变量说明

变量类型	变量名称	变量缩写	变量说明
被解释变量	保费收入	Y	取保费收入真实值的对数

① 本部分内容引自课题负责人已发表论文:王雅婷,强晓楠,吴柳潇.“一带一路”倡议对我国地区保费收入影响的差异性研究 [J]. 投资与合作,2023(4):45-48.
② 选取这一时间段是为了剔除国内发生疫情及严格管控措施对保险业的影响。

续表

变量类型	变量名称	变量缩写	变量说明
解释变量	"一带一路"倡议	Initiative	2014 年及之后为 1，2014 年之前为 0。"一带一路"倡议在 2013 年被提出，其政策效应在 2014 年及之后显现
	分组	Group	沿线省区市 1，非沿线省区市 0
	交互项	Initiative*Group	考察两者的交互作用
控制变量	国内生产总值	GDP	取国内生产总值的对数
	财政一般支出	Finance	取财政一般支出的对数
	出口额	Export	取出口额对数
	进口额	Import	取进口额对数
	人口数	Population	取人口数对数

下面对变量进行具体说明：

1. 被解释变量

模型中的被解释变量 Y 表示保费收入对数，为了避免异方差问题，对保费收入的真实值取对数。数据来源于历年中国保险年鉴。

2. 解释变量

Initiative 表示"一带一路"倡议虚拟变量。2014 年之前取该变量为 0；2014 年及之后取该变量为 1。这是因为，2013 年年底提出"一带一路"倡议，其政策效应只会在 2014 年后显现。Group 表示分组变量，若某地区属于"一带一路"沿线省区市，取值为 1，反之则取值为 0。交互项即两者乘积 Initiative*Group，考察"一带一路"倡议与是否沿线省区市的交互作用。

3. 控制变量

根据相关文献，对地区保费收入较为重要的影响因素包括地区 GDP、财政一般支出、进口额、出口额、人口数。控制变量数据来自国家统计局官网。

（二）"一带一路"倡议对沿线省区市保费收入影响的模型分析

表 3-5 报告了模型的基准回归结果，说明"一带一路"倡议对各地区保费收入规模的影响。

表 3-5　"一带一路"倡议对地区保费收入影响的实证结果

变量类型	变量名称	标准误差	回归系数及显著水平
解释变量	Initiative	0.030	0.191***
	Initiative* Group	0.031	0.058*
	Group	0.105	−0.090
控制变量	GDP 等	已控制	

由表可知，在 Group 变量取值为 0（非沿线省区市）的情况下，"一带一路"倡议显著促进了非沿线地区保费收入的提高。交互项 Initiative 与 Group 乘积的系数为正且显著，表示"一带一路"倡议对沿线省区市保费收入的促进作用相对非沿线省区市更明显。其原因可能是，沿线省区市积极利用政策倾斜的优势发展本省经济，带动了保险业的发展。例如，被定位为"丝绸之路经济带核心区"的新疆，积极与"一带一路"沿线国家和地区进行经济互通，致力于将本地区打造为西北物

流中心和文化传播中心，新疆保险业为相关项目积极承保，极大促进了新疆地区保险业发展。

分组变量 Group 的系数为负且不显著，说明若不考虑"一带一路"倡议的影响，仅考察省区市是否沿线对地区保费收入的影响，意义不大（是否沿线本身就依"一带一路"倡议而来）。

（三）"一带一路"倡议对地区保费收入影响的异质性分析

以 2018 年全国人均 GDP 为分组基准，将省内人均 GDP 高于全国水平的省区市视作发达省区市，反之则视作不发达省区市。Development 作为分组变量，发达省区市取值为 0，不发达省区市取值为 1，Initiative * Development 为交互项。回归结果如表 3-6。

表 3-6　一带一路"倡议对地区保费收入影响的异质性

变量类型	变量名称	标准误差	回归系数及显著水平
解释变量	Initiative	0.031	0.159***
	Initiative * Development	0.031	0.106***
	Development	0.111	−0.421***
控制变量	GDP 等	已控制	

Initiative 变量的回归系数为正且在 1% 的水平下显著，说明在 Development 变量取值为 0（不发达省区市）的情况下，"一带一路"倡议显著促进了不发达省区市保费收入的提高。交互项 Initiative * Development 的回归系数为正且在 1% 的水平

下显著，表示"一带一路"倡议对不发达省区市保费收入正向影响高于对发达省区市保费收入影响，也就是说，"一带一路"倡议对不发达省区市保费收入的促进作用更强。其可能的原因是，"一带一路"倡议在国内的核心枢纽主要是新疆、甘肃、安徽、云南等不发达省区市，很多重大基础设施项目需要本地保险业提供风险保障。例如，云南省内保险公司承保了"一带一路"沿线输变电项目等大型项目，为云南省的保费收入带来了较大增量。总体来说，"一带一路"建设的推进，激发了沿线不发达地区保险业的发展潜力，表现为对其保险业促进作用更强。

（四）稳健性检验

1. 缩短数据时间跨度。将样本数据时间区间缩短，选择2009—2017 年面板数据检验基准回归结果稳健性①，如下表所示。

表3-7　稳健性检验：缩短样本时间跨度

	沿线与非沿线省区市	不同发达水平省区市
	保费收入	保费收入
Initiative	0.166***	0.158***
	(0.029)	(0.028)
交互项	0.068**	0.086***
	(0.030)	(0.030)

---

① 选择 2008 年金融危机后 10 年区间进行稳健性检验。

续表

	沿线与非沿线省区市	不同发达水平省区市
	保费收入	保费收入
分组变量	−0.049	−0.423***
	(0.110)	(0.123)
GDP 等	已控制	已控制

缩短数据时间跨度后,"一带一路"倡议在是否沿线省区市和不同发达水平省区市下的回归系数均为正且十分显著,交互项系数也均为正,且分别在5%和1%的水平下显著,验证了"一带一路"倡议对沿线省区市和不发达省区市保费收入的促进作用更强这一结论。

2. 替换因变量。"一带一路"建设主要着力于基础设施、能源产业建设等,因此对财产保险的影响可能更大,此处将因变量替换成财险保费收入,对基准回归结果进行检验。

替换因变量后,"一带一路"倡议变量和交互项回归系数均为正且显著,同样支持了"一带一路"倡议对沿线省区市和不发达省区市保费收入的促进作用更强这一结论。

表3-8 稳健性检验:替换因变量

	沿线与非沿线省区市	不同发达水平省区市
	保费收入	保费收入
Initiative	0.134***	0.017*
	(0.017)	(0.020)

续表

	沿线与非沿线省区市	不同发达水平省区市
	保费收入	保费收入
交互项	0.101***	0.161***
	（0.032）	（0.020）
分组变量	－0.261**	－0.127
	（0.108）	（0.086）
GDP 等	已控制	已控制

（五）小结

本部分考察了"一带一路"倡议对我国不同地区保费收入的差异化影响。实证结果显示，"一带一路"建设全面促进了我国各地区保费收入的增长，但对"一带一路"沿线省区市和不发达省区市保费收入的促进作用更强。这可能是由于：1. 沿线省区市更多承接"一带一路"建设项目，直接带动了本省保险业发展；2. 沿线省区市多为西部、中部不发达省区市，当地保险需求原本不够强劲，在"一带一路"政策刺激下激发了更大的保险需求潜力，保险业呈现出更显著的发展成果。

目前，我国海外投资保险尚未对商业性保险机构放开经营，主要原因就是商业性保险机构对投资项目相关风险应对经验不足，难以为海外投资项目提供有力保障。如果在"一带一路"建设过程中，各地区及商业性保险公司能够主动利用相关政策积极提升实力，将为海外投资保险制度改革提供有利条件。从地区视角看,沿线省区市可考虑建设沿边跨境保险示范区,探索设立国际保险综合服务平台和体系,为扶持辖区内保险公司参与海外投资保险的共保和分保提供条件。从保险公司视角看,保险公司应具备政策敏感性,积极开拓有利于"一带一路"项目风险管理的新险种。例如,"一带一路"基础设施建设涉及的铁路项目,保险公司可联合精算部门和产品部门成立专项技术人才部,专门对涉外铁路项目可能面临的设计故障风险、轨道风险、人员伤亡风险进行评估,量身定制项目保险方案,为将来参与海外投资保险储备人才和经营经验。

第二节 我国海外投资保险业务分析及政策支持

本节主要分析目前我国海外投资保险各类险别的承保对象、承保风险等方面的规定以及存在的问题。

一、海外投资保险的险别种类及承保范围

2001年,中国出口信用保险公司正式启动经营海外投资保险业务,作为国内独家经营海外投资保险业务的机构,需要积极配合国家外交、产业、金融政策,为中国企业开拓海外市场提供风险保障,并在融资、信息咨询、应收账款管理等方面为投资企业提供服务。根据中国信保网站对海外投资保险的定义,海外投资保险是为投资者及金融机构因投资所在国发生的

征收、汇兑限制、战争及政治暴乱、违约等政治风险造成的经济损失提供风险保障，承保业务的保险期限不超过20年。以下从承保险别、投保人、承保风险、代位追偿等方面对海外投资保险业务进行分析。

（一）保险产品（险别）

根据企业"走出去"的形式不同，海外投资保险包括两大不同类型的风险保障，分别是海外投资（股权）保险与海外投资（债权）保险。

海外投资（股权）保险是为鼓励中国企业的对外投资而提供的保险产品，保障的是投资项下股东（被保险人）的股权权益损失。其各方合同关系如下：

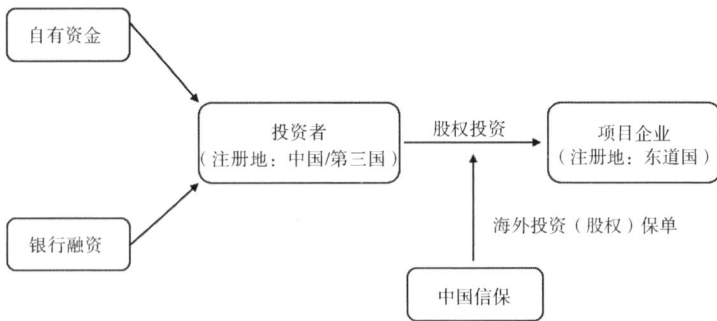

资料来源：中国出口信用保险公司网站。

图3-2 海外投资（股权）保险各方合同关系

海外投资（债权）保险是为鼓励中国企业为其海外投资项目提供股东贷款、金融机构为中国企业海外投资项目提供贷款保障而提供的保险产品，保障的是提供贷款的企业或金融机构（被保险人）的债权权益损失。其各方合同关系如下：

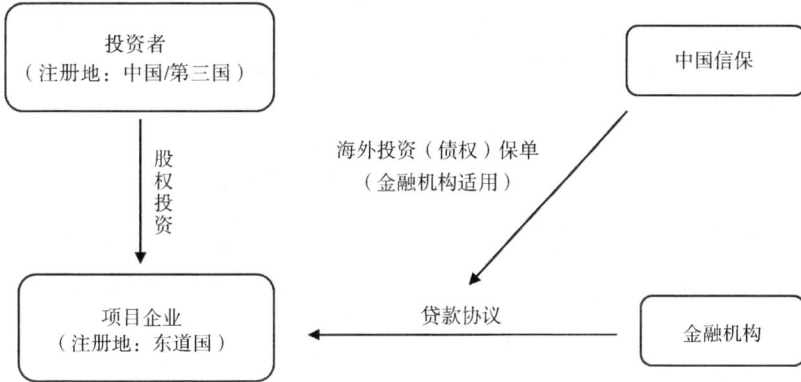

资料来源：中国出口信用保险公司网站。

图 3-3　海外投资（债权）保险（金融机构适用）各方合同关系

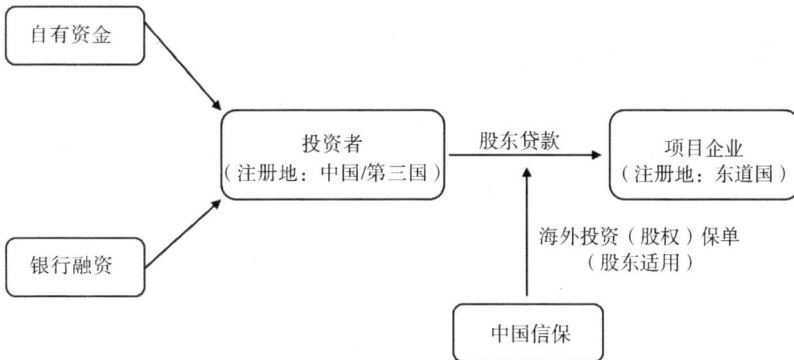

资料来源：中国出口信用保险公司网站。

图 3-4　海外投资（债权）保险（股东适用）各方合同关系

（二）投保人与合格投资的界定

根据中国信保的规定，允许以下几类投资者投保海外投资保险：（1）在中华人民共和国境内（我国港澳台地区除外）注册成立的金融机构和企业，但由在我国港澳台地区的企业、机构、公民或外国的企业、机构、公民控股的除外；（2）在我国港澳台地区和中华人民共和国境外注册成立的企业、金融机构，如果其50%以上的股份在中华人民共和国境内的企业、机构控制之下，可由该境内的企业、机构投保；（3）其他经批准的企业、社团、机构和自然人。虽然仅从上述规定来看，我国在投保人的范围划定上与其他国家相差不大，但是，中国能在境外投资设立实体的仅为企业法人，因此自然人和非企业法人无法享受中国信保提供的海外投资保险。

此外，中国信保对合格投资有明确界定，该投资必须符合中国国家战略利益；投资形式可以是直接投资（包括股权投资、股东贷款、股东担保等），也可以是金融机构贷款及其他经批准的投资形式。

（三）承保的风险

中国海外投资保险所承保的风险包括征收风险、汇兑限制风险、战争及政治暴乱风险、违约风险四类，如下表所示。

表3-9　我国海外投资保险的承保风险种类

承保风险	征收风险	东道国采取国有化、没收、征用等方式，剥夺投资项目的所有权和经营权，或投资项目资金、资产的使用权和控制权
	汇兑限制风险	东道国阻碍、限制投资者换汇自由，或抬高换汇成本，以及阻止货币汇出该国
	战争及政治暴乱风险	东道国发生革命、骚乱、政变、内战、叛乱、恐怖活动以及其他类似战争的行为，导致投资企业资产损失或永久无法经营
	违约风险	东道国政府或经保险人认可的其他主体违反或不履行与投资项目有关的协议，且拒绝赔偿
赔偿比例		损失赔偿比例最高不超过95%

资料来源：中国出口信用保险公司网站。

1. 征收风险。一般而言，征收指东道国政府采取、批准、授权或同意对投资实行强行征用、没收、国有化、扣押等行为。这些行为需持续一段时间，使投资者无法建立企业或经营项目，或者剥夺、妨碍投资者的权益。

我国关于征收风险的界定较为简单，缺少对征收行为各种情况的更细化规定。相比之下，美国对于征收的界定十分详细，例如，《美国对外援助法》规定，"征收行为"包括但不限于外国政府废弃、拒绝履行及损害其与投资者订立的合同，具体指投资项目所在国政府所采取、授权、认可或纵容的、给予赔偿或不给予赔偿的任何行动，这些行动必须是由不可归责于投资者本人的过错或不当行为所引起的，其行动开始于保险期间内，并且直接造成以下任何一种后果长达一年之久：①阻碍投资者转让有价证券或有价证券所派生的权利；②阻碍投资者作为股东或债权人有效行使对海外美资企业的基本权利；③阻碍投资者获得海外美资企业支付给投资者的到期款项；④阻碍投资者有效控制投资收益和资本收益；⑤阻碍海外投资企业切实有效地控制本企业重要财产的使用和处理，阻碍建设或经营该投资项目。① 以上规定对征收行为的表现形式、持续时间、造成的后果均作出了详细说明。

2. 汇兑限制风险。汇兑限制指东道国政府阻碍、限制投资者把当地货币兑换为可自由兑换货币或汇出东道国，或者使投资者必须以远高于市场汇率的价格才能将当地货币兑换为可自由兑换货币或汇出东道国。汇兑限制风险是跨国投资中常见的风险，常因东道国政府财政政策变动而使投资企业遭遇损失。与征收风险一样，中国信保应制定汇兑风险保障的业务细则，在保险合同中明确列明东道国政府哪些消极行为会造成投资者汇兑困难的风险。

3. 战争及政治暴乱风险。一般地，战争指东道国发生的战争、内战、恐怖行为以及其他类似战争的行为。战争项下保障的损失包括战争造成的项目企业有形财产的损失和因战争行为导致项目企业不能正常经营所造成的损失。我国对战争风险的界定较为详细，但值得注意的是，国际上对恐怖主义的定义难以达成有效共识。这是因为，各国国家利益并不统一，要提出一个普遍接受的国际恐怖主义的定义很难，几乎不可能在全球

---

① 宋宇扬. 海外投资保险制度中代位求偿权研究［D］. 南昌：南昌大学，2021.

范围内寻求对恐怖主义、恐怖行为的统一认识。在此背景下，必然将影响中国信保处理战争险中对恐怖主义性质事件的认定和代位追偿。

4. 违约风险。违约指东道国政府或经保险人认可的其他主体非法或不合理的取消、违反、不履行或拒绝承认其出具、签订的与投资相关的特定担保、保证或特许权协议等行为。中国信保开设这一业务是保护"走出去"企业免遭东道国政权更迭等风险损失的有力举措，不过，东道国违约风险发生后，中国信保在支付政府违约险的保险金之后，向东道国政府索赔时会遇到各种情况而导致索赔受阻，例如，司法机关未能在合理期限内进行裁决等，因此必须对政府违约这一行为做出更细致的规定，这方面可以借鉴多边投资担保机构的做法。事实上，政府违约保险最早由多边投资担保机构开发，其作为一项独立险别，是国际投资保险业务上的一项创新。多边投资担保机构规定，除东道国政府不履行或违反与投保人签订的合同外，若满足以下条件之一，也同时构成政府违约：（1）被保险人无法求助于司法或仲裁机关对其提出的有关诉讼作出裁决；（2）该司法或仲裁机关未能在担保合同细则所规定的合理期限内作出裁决；（3）虽有这样的裁决但未能执行。这些规定能帮助保险机构顺利进行代位追偿，从而更好地保护投资者权益。

（四）保险费

保险费与保险公司承保的风险水平密切相关。海外投资项目不同，投资东道国国家和地区的国家风险存在差异，投保险别亦不同,海外投资保险的费率自然也就不同。在中国信保对外公布的《投保指南》中,一般不会出现保险费率,但根据文献研究,总体上中国信保的海外投资保险业务收取的保费较高①,这一点至今未有大的变化,在一定程度上影响了潜在被保险人投保海外投资保险业务。

(五)代位追偿与争议解决

我国海外投资保险是单边保护模式,即中国信保承保海外投资保险时,对东道国是否与我国签订双边投资保护协定并没有强制性要求。这意味着对中国信保取得代位追偿权、向东道国政府索赔以及保险各方争议的解决等可能存在不利影响,进一步影响我国海外投资保险作用的发挥。

二、我国海外投资保险的政策支持

考虑到境外投资风险高发的特点,2017 年,国务院国资委发布《中央企业境外投资监督管理办法》,更加强调境外风险防控,要求"中央企业应当根据自身风险承受能力,充分利用政策性出口信用保险和商业保险,将保险嵌入企业风险管理机制,按照国际通行规则实施联合保险和再保险,减少风险发生时所带来的损失",这给中国出口信用保险公司的海外投资保险业务带来了政策利好。

---

① 陶立峰.我国海外投资保险业务分析探讨 [J].特区经济,2007 (5):95-97.

海外投资保险属于政策性保险，政府的政策能很大程度促进海外投资保险的进一步发展。我国海外投资保险的优惠政策很多，主要包括融资和保障两方面。首先，海外投资保险可以为企业在海外投资提供融资便利。投保海外投资保险可以使企业投资者面临的政治风险得到转移，有效降低融资成本，鼓励我国企业积极"走出去"开展海外投资；同时，中国信保通常与国际性投资银行和国外商业银行等金融机构联系紧密，为海外投资者提供相关融资服务，可以在其申请信用贷款时给予优惠，加强国家间资本和商务的流动。其次，海外投资保险有利于海外投资者开拓市场。中国信保开发的诸如特险业务领域的政治风险统保模式以及附加承包商设备海外风险保险等创新险种，有助于减轻海外投资者的政治风险之忧，增强其在东道国市场的话语权和行业竞争力，拓展其发展空间。最后，中国信保作为有政府背景的保险机构，天然具有信息数据搜集、承保经验等方面的专业性优势，能够帮助本国投资企业及时化解投资风险，提高项目抵御风险的能力，充分保障企业的合法权益，还能维护与东道国的外交关系。

从具体的鼓励政策来看，包括国家直接给予补贴、地方政府设置专项资金等。例如，国家对"走出去"企业购买海外投资保险的保费支出给予补贴，补贴额度最高可达保费的50%；若投资项目属于"一带一路"战略范畴，还可将补贴比例提高到60%，最高额度达200万元。有些地方政府针对"走出去"项目设置专项扶持资金，用于鼓励拓展外埠市场，尤其鼓励拓展"一带一路"沿线市场，扶持项目包括海外投资项目、对外承包工程项目、海外投资保险和承包工程保险补助、"走出去"活动费用补助等类型。①

第三节　我国海外投资保险发展中存在的问题

目前，我国尚未制定专门的海外投资保险法，中国海外投资保险体系主要由加入多边投资担保机构（Multilateral Investment Guarantee Agency，MIGA）、与他国缔结双边投资协定（Bilateral Investment Treaty，BIT）②、设立可承保海外投资保险的中国出口信用保险公司构成。在这一体系下，海外投资项目保障虽然取得一定的成绩，但在实现我国战略意图和既定目标方面，海外投资保险制度在立法层面、国际条约环境、机构开放及产品服务等方面还存在待完善之处，下面具体进行说明。

---

① 王一名.."一带一路"战略背景下我国海外投资保险发展研究［D］.沈阳：辽宁大学，2019.

② 双边投资协定（Bilateral Investment Treaty，缩写为 BIT）包括双边投资保护协定与双边税收协定，目前人们提到的 BIT 如果不加以特别解释，一般指的都是双边投资保护协定。本书下文统一采用双边投资保护协定的说法。

一、海外投资保险立法缺失，且与双边投资保护协定制度缺乏有效衔接

目前，我国尚无专门的国内法对海外投资保险进行规范。海外投资保险制度的运行主要依据《海外投资投保概述》和《关于建立境外投资重点项目风险保障机制有关问题的通知》，这两个文件只是中国信保开办海外投资保险业务的依据，规定较为笼统，缺乏操作性①，并未涉及对海外投资保险具体经营活动的规制。然而，海外投资保险作为支持中国企业海外投资的重要风险保障工具，需要正式立法加以系统性规范，目前仅用通知的形式开设几个险种远远不够。首先，立法树立了法律的可预期性，对中国"走出去"企业购买海外投资保险可以发挥法律的稳定指导作用，如果海外投资者只能根据中国信保发布的较为笼统的通知文件投保，具体的承保条件、承保范围、费率和保险期限等问题必须通过双方协商才能确定，将会抑制海外投资者的投保积极性；并且，中国信保海外投资保险费率由财政部会同其他部委研究提出，高于日韩等国家的同业机构，导致投保者投保成本极大增加。此外，中国信保的独家经营地位使海外投资者处于相对弱势地位，削弱了其对险种的议价能力，必然抑制海外投资保险业务的发展。其次，从保险公司本身的经营风险来看，中国信保的上述两个通知文件仅规定了政治风险的承保险别，对海外投资者及其投资项目的承保条

---

① 王军杰，石林. 论"一带一路"框架下我国海外投资保险制度的完善与重构［J］. 财经理论与实践，2019，40（1）：156-160.

件、费率、保险期限、代位求偿权等问题均未涉及，此外，中国信保近年来提供的风险评估服务主要是对东道国国家风险的评估，尚缺乏对海外投资项目本身的风险进行预评估及筛查机制，如此一来，中国信保承保各类海外投资项目的主观性、或然性增加，可能导致中国信保经营风险加剧。

从我国海外投资保险制度与双边投资保护协定的衔接情况来看，也有较大完善空间。目前中国信保经营海外投资保险实施的是"单边模式"，即不以与东道国签订双边投资保护协定为前提，仅要求海外投资项目符合我国外交、财政、产业及金融政策，并符合投资东道国的法律和政策以及获得项目批准许可。一般地，企业是在中国国内投保海外投资保险，政治风险出险则往往是在东道国，东道国政府又常常是第三方责任人，因此，在"单边模式"前提下，中国信保的代位求偿权难以获得东道国承认，赔付投资者损失后无法追偿，将增加中国信保自身的经营风险。即使我国与一些国家签订的双边投资保护协定中订有代位求偿权约定，也由于海外投资保险制度与双边投资保护协定缺乏衔接，未能明确赋予中国信保代位求偿权，无法把投资者与东道国之间的争端上升为中国信保与东道国之间的理赔，令这一约定成了摆设。如果投保者是国有企业却无法追偿，那么通过承保来保障国有资产的目的将无法实现，投保海外投资保险就丧失了实际意义。因此，在完善海外投资保险制度立法时，应注重海外投资保险法律法规与双边投资保护协定具体内容彼此衔接，立足于对海外投资市场参与主体的保护，充分覆盖其可能面临的海外投资风险类型，并提供更具操作性的规则指引。

二、双边投资保护协定的数量和质量有待拓展和提升

1. 双边投资保护协定的数量有待拓展。中国与其他国家签订双边投资保护协定始于改革开放之后。从 1982 年与瑞典签订第一个双边投资保护协定开始，截至 2022 年，中国已与 130 个国家或地区签订双边投资保护协定，其中生效的有 109 个。①我国对其投资存量排名前 20 的国家或地区，如美国、开曼群岛和英属维尔京群岛等，我国尚未与之签订双边投资保护协定。在 63 个纳入商务部与国家统计局统计的"一带一路"沿线国家和地区中，有 56 个国家与中国签订了双边投资保护协定，其中 48 个双边投资保护协定订有代位求偿权条款，还有一部分沿线国家尚未与我国就代位求偿权达成一致，将导致保险公司向投保企业赔付后难以向东道国追偿。即使签订双边投资保护协定，很多协定的签订时间是 20 世纪八九十年代，有些内容和表述已经不能适应保护海外投资的需要，并且，这种投资保护机制常常被一些东道国以国家安全或反垄断审查等手段轻易突破，为中国信保行使代位求偿权带来不便。因此，海外投资保险实际所发挥的作用十分有限，无法实现维护本国投资者合法权益、有效转移政治风险的目的。此外，阿富汗、东

---

① 双边投资保护协定签署但未生效的原因主要是由于对方国内法律审议程序尚未结束，因此协议虽然签署，但并没有生效。

帝汶、马尔代夫、尼泊尔、伊拉克、黑山和塞尔维亚7个"一带一路"沿线国家尚未与中国签订双边投资保护协定。① 未签订双边投资保护协定是引发争议并导致海外投资风险损失的主要原因。

2. 双边投资保护协定的质量有待提升。实践中，我国同众多国家和地区签署的双边或多边投资保护协定一直致力于协调投资者与东道国之间私人权益与主权权益的冲突，例如，有关政治风险的内容基本都规定了对国有化及补偿的保证、投资收益保证等内容。但是，有这些规定的只是少数，并且这些内容并没有就政治风险赔偿作详细具体的规定，比如，《中国—东盟全面经济合作框架协议》的损失补偿条款只表明投资者索赔时的待遇问题，并没有提供关于政治风险补偿、代位追偿等方面的可操作性内容。这样，一旦发生海外投资的争议，协议里只有原则性的规范内容，很难顺利保障投资者权益，双边/多边投资保护协定的内容仍需进一步细化和完善。

三、难以满足多边投资担保机构（MIGA）的担保要求

多边投资担保机构（MIGA）于1988年成立，是世界银行集团成立的第五个机构，其主要目标之一就是通过降低政治风险为发展中国家吸引外资，即为从其他MIGA成员国（投资国）流入的MIGA成员国（东道国）投资项目的非商业风险

---

① ［一带一路·观察］了解中国的 BITS，这篇文章就够了［EB/OL］. 亚布力中国企业家论坛，2020-12-27.

（即政治风险）提供担保。一旦在东道国发生 MIGA 担保的风险事故，使投资者遭到损失，则在 MIGA 向投资者进行了赔偿之后，再由 MIGA 向作为"侵权责任人"的东道国进行求偿，使东道国间接承担向投资者进行赔偿的责任。在 MIGA 这个多边体制内，东道国作为成员国更要面临其他成员国的集体性压力，因此，与各国海外投资保险制度的求偿机制相比，MIGA 先进了一大步，对投资者遭遇到的政治风险起到了更广泛的保障作用。

我国于 MIGA 成立当年即加入该机构，30 多年来，MIGA 在制造业、电力生产、农业和金融业等行业对境外投资者在华投资的担保增多，不过，MIGA 几乎未担保我国对发展中国家的投资项目。2022 年，MIGA 新增担保总金额为 49 亿美元，虽然"担保中有三分之一是支持低收入国家，12%是支持脆弱和受冲突影响地区"，但这些国家和地区是指接受投资的东道国项目，而不是投资国项目。能够获得 MIGA 担保的投资国往往是发达国家，这些国家有完善的海外投资保险制度，其获得 MIGA 担保的项目以公司治理机制良好的私营企业海外投资项目居多。① 我国对 MIGA 担保利用率低的原因有两点：一是我国很多对外投资难以符合 MIGA 对合格投资的要求。MIGA 要求合格投资必须符合东道国的法律并与东道国经济发展目标一致，我国很多国有企业早期进行海外投资时并无此类要求，那

---

① MIGA. Annual Report 2022 ［R］. Washington D. C.；MIGA，2022.

么这类项目遭遇政治风险的可能性更大，难以获得担保。二是我国在 MIGA 中的认股比例少。MIGA 对外投资担保常以成员国所持的股份多少作为参考依据①，我国在 MIGA 中的认股比例只有 3.14%，因此我国投资者获得 MIGA 提供给境外投资担保的机会并不多。

四、承保机构单一，市场化程度低

目前，我国海外投资保险由中国信保单独承办，尚未对商业保险机构开放。这一模式的设计初衷主要是由于海外投资项目承保的多是政治风险，涉及金额大、政治关系复杂，由国有政策性保险公司来承办具有资金来源稳定、业务经营更加稳健的优势。该模式在对外投资发展初期是符合海外投资保险机构的内在要求、适应海外投资项目保障的经营特点的。然而，近些年我国对外投资稳步增长，尤其是"一带一路"倡议提出后，我国成为对外直接投资最多的发展中国家，对外投资保险需求旺盛，由中国信保作为政策性保险公司独家承保对外投资风险存在着难以有效应对市场变化、难以及时满足保险产品需求等弊端。

首先，特殊的垄断地位直接影响海外投资资金去向，有可能对投资结构产生扭曲。中国信保是国有政策性保险机构，其董事会由财政部、商务部、国家发改委、中国人民银行、中国

---

① 高建勋，莫建建. 论"一带一路"战略下我国海外投资保险制度的完善 [J]. 合肥工业大学学报（社会科学版），2017，31（2）：13-19.

投资有限公司派员组成①，属于中央和国务院明确指定的国家外经贸相关政策措施落实单位，需要负责落实国务院不定期下达的专项任务。显然，中国信保可以通过改变其经营政策、业务承办策略，引导"走出去"企业海外投资的走向。例如，中国信保可以调整海外投资保险合同的多个要素来引导海外投资者（被保险人）的行为，例如，调整合格被保险人条件、保险责任（除外责任）、保险金额、保险费率和保障程度等影响海外投资风险保障，从而间接影响海外投资走向。

其次，海外投资项目的风险损失保障并未获得更为多元化的资金来源。中国信保资金来源主要由国家财政作为最后保障，而参与"一带一路"沿线国家和地区基础设施投资建设的企业主要为国企、央企，项目遭遇风险后国有资产的损失由中国信保补偿，意味着还是由国家财政兜底，实质上并没有为我国对外投资项目真正规避风险，没有真正意义上的减少国家资产损失。

再次，我国海外投资保险的业务经营专业化水平较低。多年来，在中国信保的业务领域中，出口信用险始终被当作工作重点，出口信用保险业务占比远远超过海外投资保险。

---

①　李文中."一带一路"战略背景下我国海外投资保险的发展［J］.中国保险，2016（6）：23-28.

表3-10 两险种业务量对比（2018年与2021年）

险种	2018年承保金额	同比增长率	业务占比	2021年承保金额	同比增长率	业务占比
短期出口信用保险	4814亿美元	16.6%	78.6%	6763.8亿美元	18.8%	81.5%
海外投资保险	581.3亿美元	18.9%	9.5%	661.2亿美元	5.7%	7.96%

数据来源：中国出口信用保险公司2021年度报告。

由上表可见，不论是新冠疫情发生前的2018年还是发生后的2021年，短期出口信用保险与海外投资保险两种业务量在中国信保公司业务的比重变化不大，短期出口信用保险是绝对的主流业务，而海外投资保险则占比很小。新冠疫情发生后，这一格局更为明显。2018年，中国信保全年承保的总额为6122.3亿美元，其中，短期出口信用保险的承保金额为4814亿美元，比上年增长16.6%，业务占比78.6%；海外投资保险承保数额为581.3亿美元，同比增长18.9%，业务量占比不到一成，仅为9.5%。到了2021年，中国信保全年承保的总额为8301.7亿美元，其中短期出口信用保险的承保金额为6763.8亿美元，同比增长18.8%，业务量占比更是超过了八成；海外投资保险承保金额为661.2亿美元，同比增长了5.7%，业务占比为7.96%，增长速度和业务比例均有所下降。无论从业务量占比还是增长率上看，短期出口信用保险都比海外投资保险发展得更快。

中国信保将绝大部分的业务和资金用于出口信用保险，难免会影响海外投资保险业务拓展和专业化水平提高，其险种宣传、产品创新力度均显得不够。很多海外投资的企业尚未树立投资风险防范意识，即使有些企业有意投保防范风险，但对海外投资保险机制了解程度不高，顾虑投保条件限制多、保险费高、程序烦琐等，担心延误投资进度、增加投资成本。自中国信保成立22年来，出具海外投资保险保单仅953张，业务领域主要分布在电力生产和供应（34.7%）、其他制造业（19.5%）、其他采矿业（17.9%）等行业，并且，对外披露的业务信息也很有限，我国对外投资企业没有充分认识到海外投资保险的重要性。因此，提高海外投资保险业务水平，加大险种推广宣传，是中国信保必须加强的方向。

最后，海外投资保险业务规模受到限制，不利于我国对外投资的稳步发展。根据中国信保公司的规定，其承保的风险责任总额不得超过风险基金的20倍，这样中国信保可以承保的业务规模受公司实收资本限制，难以进一步扩大。面对"一带一路"沿线一些国家的投资保护主义行为、政治动乱和复杂经济环境，中国信保目前的承保规模远远不能满足企业投资者需求，企业对外直接投资的发展急需我国对现有海外投资保险机构进行改革，更好地转移企业对外投资运营过程中面临的政治风险，保护企业投资权益。根据银保监会统计数据，截至2021年11月，我国共有88家财产险保险公司，90家人身险保险公司，另有集团公司14家、再保险14家、保险资产管理28家，这些商业性保险机构中，许多机构资金充沛、管理模式成熟，在我国对外投资迅速发展的情况下，单一承保机构的保障模式缺少有效竞争，不利于其主动拓展对外投资保险业务及自主提升服务质量。面对"一带一路"倡议下庞大的海外投资需求，如果仍然固守由国有保险公司承办的模式，将商业承保机构拒之门外，海外投资保险市场整体运行效率不高，不符合我国对外直接投资大国的定位。

五、海外投资保险产品有待丰富

目前，中国信保海外投资保险产品有保护股东股权权益的海外投资（股权）保险和保护债权人债权权益的海外投资（债权）保险两大类，其中后者有适用股东和适用金融机构两个子险种，保险责任范围覆盖征收风险、汇兑限制风险、战争及政治暴乱风险、违约风险这四种传统政治风险，从形式上看，险种种类和承保风险比较全面，但是，具体到一些细节规定，保险合同的约定就显得有些狭窄，不能很好地满足被保险人的需要。以海外股权投资资产范围为例，中国信保规定的股权投资包括实物、货币、技术以及知识产权等，而我国同有些国家（如也门等国）签订的 BIT（1998）规定，投资可以是各种资产，包括但不限于以下 5 种形式：1. 动产、不动产及其他财产权利，如抵押权、质押权、用益权等；2. 股份、股票和对企业的其他形式参股；3. 债权和任何其他具有经济价值的行为请求权；4. 知识产权；5. 特许权，包括勘探和开发自然资源的特许权。保险公司应结合市场需求，对保险产品的保障对象范围等进一步细化研究确定。

从中国信保承保每项风险的内涵和外延看，保障范围也难以满足多样化、复杂化的非典型政治风险的挑战。近年来，国际安全形势日趋严峻，我国海外投资者在东道国面临的传统政治风险更加凸显，尤其是新冠疫情期间，中国企业的海外投资、承包工程及劳务合作等陷于停滞，合同难以执行，面临违约赔偿等风险。统计表明，有25%的投资项目是因为政治原因导致失败，其中有8%的投资项目在投资审批等环节因东道国政治派系力量的阻挠导致失败；有17%的投资项目是在运营过程中因东道国的政治动荡、领导人更迭等原因遭遇损失。①

除传统政治风险以外，海外投资风险朝着多样化的方向进一步发展，我国企业对外投资的过程中往往遇到投资东道国以环境保护标准提高等理由影响能源企业的顺利投资、东道国因投资国项目建设不及预期而取消投资项目、东道国无合理事由迟延支付以及征收新暴利税等各种非典型的政治风险，隐性征收风险、贸易保护主义、劳工纠纷等风险也日益增多。例如，2013年，委内瑞拉对石油征收新暴利税，导致中石油三个油田项目收益大大减少；2015年，斯里兰卡政府换届后，14亿美元的港口项目因政治领导人态度不同而出现长时间的工程延误，给我国造成了较大经济损失；同年，柬埔寨政府因环境保

---

① "一带一路"国家投资合作常见的风险［EB/OL］.亚布力中国企业家论坛，2020-02-22.

护方面的原因，宣布暂停我国水利电建企业已获批的 4 亿美元水坝项目；菲律宾于 2017 年取消我国以海外租地种粮或买地种粮方式进行农业投资，以防止民众认为这种投资方式属于"新殖民主义"；征收险对于征收的定义中缺乏国际投资争议中经常出现的东道国取消项目运营许可证、影响项目运行的重大政策发生变化等情况；民众反对、恐怖主义等既有实践中呈现出的政治风险与传统政治风险有交叉关系，往往也难以被纳入承保范畴；劳工权益法律风险、劳工罢工法律风险等在"一带一路"能源合作过程中日渐凸显，而目前针对法律风险的保险服务仍较匮乏，这些都使"走出去"企业受海外投资保险保障程度较低。

总之，近年来日益复杂的海外投资风险缺乏匹配的险种予以承保，中国信保未能与时俱进增加新的保险产品，难以应对我国企业在"一带一路"沿线国家和地区进行对外投资时遇到的各种风险状况，产生这种情况的一部分原因与政策性背景的单一市场主体新产品开发动力不足有关，表现为一定程度的政府失灵，因此，应当根据市场需求开发更多的新型海外投资保险产品。

六、中国信保海外分支机构欠缺

中国信保海外分支机构的欠缺使得对海外经营企业的海外投资保险服务支持不够。中国企业对外投资面临更复杂多变的政治风险，需要海外投资保险提供保障，然而，很多分布在

"一带一路"沿线的中国对外投资企业受限于东道国当地保险体系的不健全，难以获得相关保险服务；而中国信保的承保条件对海外投资的中国成分要求较高，主要支持中国出口、中国制造的项目，缺乏弹性，加上东道国与中国在政治法规、经济条件以及文化等方面的差异性也形成了一种无形的"准入门槛"，真正对我国海外投资者提供风险损失保障的相对较少。[①] 这样，受制于政策限制和缺乏海外机构，一些中国成分相对较低然而中国利益明显的项目，无法直接获得中国信保提供的海外投资保险服务，加剧了投资者的风险挑战。

总体来说，目前海外投资保险在中国信保业务里占比小，发展速度较慢，如果国家能够支持政策性保险公司在中国利益集中的"一带一路"沿线国家和地区以及国际产能和装备制造合作的重点地区设立海外机构，为中国企业海外经营提供服务，允许中国信保在海外增设必要的分支机构，延伸服务网络和触角，可以更有力、更有效地发挥政策性作用。

第四节　本章小结

本章根据"项目—风险—保险"的分析框架，分析了中国对外直接投资总体情况与主要特征、对外投资企业及项目面临

---

① 周延礼. "一带一路"背景下保险业监管合作机遇与挑战 [J]. 清华金融评论，2017（8）：51-52.

的六大风险、我国海外投资项目总体保障情况。同时，运用计量方法实证支持了国别风险对我国对外直接投资规模的负向影响效应，以及海外投资保险对我国对外直接投资规模的正向影响效应，还验证了国家风险和海外投资保险的影响在"一带一路"沿线国家和地区尤为明显。这一结论支持了"核心—边缘"理论的思想，即可以考虑选择"一带一路"核心支点国家作为优先发展海外投资保险的载体，进行海外投资保险市场增进试点，以点带面，有重点地发展海外投资保险业务，机会成熟后将资源逐渐向其他国家转移。这对完善我国海外投资保险机制具有重要启示。

在此基础上，详细讨论了中国信保海外投资保险业务的险别种类、承保范围和相关政策支持，并重点分析了我国海外投资保险发展中存在的若干问题。

结合本书第二章文献讨论的政府失灵和市场失灵问题，我们认为，虽然国际贸易领域保险中海外投资保险业务份额相对出口信用保险而言偏小，但其政策性保险性质与放开经营前的短期出口信用险一样，目前存在的问题主要属于"政府失灵"的范畴，即主要表现在扭曲自由贸易、扭曲投资结构、导致不公平竞争这三方面。扭曲自由贸易主要指，海外投资保险业务发展是由一系列隐含的政府战略目标而不是由纯粹的保险学原理推动的，其经营受到限制，导致那些难以符合条件投保海外投资保险的企业无法保障对外投资政治风险。扭曲投资结构主要指，不同企业投保海外投资保险存在不同隐性补贴方式，可能导致人为扭曲对外投资产业结构。导致不公平竞争主要指，政策性保险机构垄断性质增加了不公平，导致经营效率低下，产品种类和保障范围有待完善。

当然，海外投资保险是较为特殊的保险，承保风险大、法律风险大、专业性强，对保险机构的要求较高。因此，贸然放开市场化经营，又可能导致严重的"市场失灵"问题。例如，商业性保险机构对政治风险应对经验不足，对那些国别风险较高的发展中国家，必然采取过于严格的承保政策，可能导致海外投资商无法投保或不愿投保。在"一带一路"建设过程中，这种情况更容易出现。

完善海外投资项目保险制度应考虑政策性机制的稳健与商业性机制的效率这两者之间的平衡，需要借鉴中国金融领域发展演变路径的经验、国际上其他国家对外投资保险制度的实践经验以及我国国内其他政策性保险领域的发展经验，下一章将对此进行分析阐述。

第四章

国内外相关领域"政府+市场"模式对海外投资保险发展的启示

海外投资保险业务因其与国家利益密切相关、风险较大，如果在该险种设立初期就放开市场，极易出现市场主体缺位导致保险可获得性差、信息不对称导致严重逆向选择等市场失灵现象。此时由具有政府财政背景的政策性保险机构独家经营，能够符合国家对风险保障资源配置的引导偏好，能为投资企业无差别提供风险信息，并能够承担不可控风险，有效满足对外投资发展的需要。然而，随着海外投资保险业务的发展，经营过程中逐渐出现经营效率低下、风险保障结构失衡等政府失灵现象，引发对政府因素和市场因素在海外投资保险业务改革创新过程中如何磨合的讨论，也就是说，如何解决海外投资保险业务市场化与国家对风险保障资源配置方向的引导偏好之间的矛盾。

本章从开发性金融发展路径、典型国家海外投资保险制度发展、中国其他政策性保险发展这三方面分析，认为政府参与市场的形成实际上是改革的内生需要，政府因素发挥着弥补市场不足和增进市场功能的正向作用，从而将海外投资保险发展路径选择的注意力放在探寻政府因素与市场因素的有效组合与合理兼容上。

第一节　从开发性金融发展路径看海外投资保险制度建设

传统经济学常把市场因素与政府因素看作非此即彼的对立关系，例如，阿根廷和印度尼西亚等国家的金融业改革即主张金融资源配置过程应完全交由市场完成，政府应当从中退出，然而，这些国家因此付出了巨大的社会和经济代价①；相反，日本、韩国和中国并未秉持上述主张，而是采取开发性金融发展模式，却取得了令人瞩目的经济成就。研究在开放条件下海外保险制度的完善，我们没有理由不认真审视开发性金融发展的模式选择问题。

一、从政策性金融到开发性金融

中国的金融发展路径起初并非被动地受到中国加入 WTO 后必须开放金融格局的影响。相反，中国金融体制改革是中国金融体系自身发展的必然演进。随着经济发展和改革推进，出现了以下两点重要变化：首先，国有企业逐步建立和完善现代

---

① 张杰，谢晓雪. 政府的市场增进功能与金融发展的"中国模式"[J]. 金融研究，2008（11）：171-180.

企业制度，受到的行政干预逐渐减少，市场化进程明显；同时，非国有经济发展迅速，对 GDP 的贡献不断提升。其次，国有企业亏损转变为国有商业银行的不良贷款，大量不良贷款引起货币超发，国家经济稳定性受到通货膨胀的威胁。因此，中国金融体系自身演进必然要求金融体制改革，再加上外生的金融开放大环境的促进，中国最终选择了一条政府参与市场并主导改革进程的金融市场化之路。

多年来，金融理论界普遍认为开发性金融充分体现了金融体制改革的"中国模式"，由政府参与市场并弥补市场缺陷，主导金融市场化进程，在市场自由配置资源的逻辑之外重建金融发展的市场基础。开发性金融是由政策性金融演变而来的，中国政策性银行（如国家开发银行）在成立初期资金使用较为粗放，对经营绩效不够重视，其支持的许多项目都成为不良贷款，还引发了大量的道德风险，说明不注重经营绩效是以牺牲资产质量和信用建设为代价的，此时可以认为是政策性金融阶段。后来，政府开始重视财政资金的使用效益并努力改善财政绩效，国家开发银行等金融机构逐渐重视提升经营绩效，市场业绩逐步改善，这时则进入开发性金融阶段，开发性金融强调经营绩效的主要目标并不仅是为了自身利益，而是要把财力集中用于实现新的经济社会发展目标。① 两种方法都是实践的产

---

① 从开发性金融机构业务经营角度看，开发性金融机构的资金来源既包括政府投入的资本，也包括发债融资等债务资金，债务资金在数量上往往要大大超过政府资本，偿付债务资金本息的压力，也促使开发金融机构追求更高的经营绩效。

物，前者是财政方式的产物，后者是市场培育方式的产物，用开发性金融的方法，可以解决大部分政策性金融过去想解决而又没解决好的问题①，实践证明，两种方法是可以同时使用的。

从国际上的现实情况来看，美国、日本等发达国家的开发性金融机构在支持特定行业发展过程中，同样借鉴商业性金融机构的经营理念，强调风险管理，重视提升经营业绩。这些金融机构包括日本开发银行（Development Bank of Japan）、德国复兴信贷银行（Kreditanstalt Fur Wiederaufbau）、韩国开发银行（Korea Development Bank）、世界银行（World Bank）和亚洲开发银行（Asian Development Bank），以及专注于支持亚洲地区的基础设施建设的亚洲基础设施投资银行（简称亚投行，Asian Infrastructure Investment Bank）。

二、开发性金融所进入领域的动态调整

开发性金融所支持的具体领域可能会发生动态调整。例如，开发性金融进入某一领域并为其提供资金支持，但经过一段时期的发展后，该领域的盈利性得到增强，社会向该领域提供的资金逐渐增加，商业性金融机构的放款意愿和力度也开始增强，这种情况下开发性金融机构应逐步减少对该领域的资金支持，甚至完全从该领域退出，转而去重点支持需要开发性金融大力扶持的领域。

---

① 陈元. 发挥开发性金融作用 促进中国经济社会可持续发展 [J]. 管理世界，2004（7）：1-5, 21.

　　各国开发性金融机构所支持产业领域的演变支持了上述"动态调整观"。二战后，日本为促进经济复苏，日本开发银行将贷款重点确定为电力、煤炭、钢铁、运输等基础产业；经济高速发展期，这些基础产业盈利性增强，吸引了商业性金融机构大笔投入资金，日本开发银行则将贷款重点转向机械、石油化工等新兴产业；随着科技发展和环保标准的提高，日本开发银行又将能源开发、城市设施建设、环保等行业作为开发重点，重视对新技术创新的贷款，以适应技术革命和环境保护的要求。韩国开发银行的支持领域演变与日本类似，初期主要支持电力、港口等基础设施建设，致力于恢复战后经济，在随后韩国经济的工业化进程中转而重点支持石化重工业和出口导向产业，之后业务重心又转变到保护环境、改善国民生活质量、发展高新技术等方面，开发性金融所支持的具体领域一直在动态调整。

三、对完善海外投资保险制度的启示

　　开发性金融在实践中形成了丰富的内涵和原理，对海外投资保险制度而言，可以形成以下几点启示。

　　第一，与政策性金融主要依靠财政补贴或财政最终承担损失不同，开发性金融是对政策性金融的深化和发展，它更多地体现为通过市场培育和市场融资来动态调整资金投入领域，强调国家信用和市场绩效相统一，其所能调动的资金财力大大超过政策性金融，可以在更大更多的领域发挥作用并实现政府目

标，风险承受能力也大大提高。

第二，与商业性金融不同的是，商业性金融是在已有成熟市场和已有制度下经营，而开发性金融不直接进入已经高度成熟的商业化领域，而是坚持建设制度、建设市场的方法，从市场和法人等制度缺损而又有光明市场前景的不成熟市场做起，针对政府关注的热点和难点领域，主动运用和依托国家信用去建设市场和制度，这是开发性金融与商业性金融的最重要区别。

第三，开发性金融将政府的组织增信优势与开发性金融机构的融资优势相结合，成为新的基础性资源配置平台。首先，政府由过去的被动变为主动，和银行形成合力为大型基础设施项目或中小企业融资，并建立风险控制机制和信用体系，运用政府组织增信优势增强经济活力的同时，又能使被增信的行业和项目有效防范风险和减少损失。

第四，开发性金融实行"政府选择项目入口—开发性金融孵化—实现市场出口"的融资机制。"政府选择项目入口"是指地方政府根据国家产业政策和该地区战略规划的需要对项目进行选择，推荐选定的项目方申请开发性金融借款，由开发性金融机构审核确定借款总量。"开发性金融孵化"是指开发性金融机构推动项目方完善治理结构等建设，使项目逐步由收支流量平衡的法人向资产负债表式的法人形式转化。① "实现市

---

① 陈元. 发挥开发性金融作用 促进中国经济社会可持续发展 [J]. 管理世界，2004（7）：1-5, 21.

场出口"则是指辅导项目方针对借款性质、用途和使用情况设计不同的偿还机制，包括正常信贷还款、母公司回购、资本市场发行股票、债券还贷等市场化出口的偿还机制。

第二节 美日德三国对外投资保险制度实践

海外投资保险产生于 1947 年 7 月美国为援助欧洲而发起的欧洲复兴计划（European Recovery Program），也常称为马歇尔计划（The Marshall Plan）。20 世纪 60 年代后，发达国家资本输出越来越频繁，这些国家广泛建立起海外投资保险制度，为本国资本输出提供保障。各国海外投资保险制度演进与本国国情和时代趋势相融合，其中美国、日本、德国的海外投资保险较为典型，发展过程各具特色，对我国海外投资保险业务发展具有重要借鉴意义。

一、海外投资保险制度模式符合各自国情

美国、日本、德国的海外投资保险制度模式是三种模式的典型代表，分别被称为双边模式、单边模式、混合模式。

美国采用双边模式的海外投资保险制度，此模式规定投资项目所在的东道国必须是与美国签订双边投资保护协定（BIT）的、国民收入较低的发展中国家，必须承认美国海外投资保险

机构的代位求偿权。① 美国已与 163 个国家签订了 BIT，在这些国家出险后，美国 OPIC 履行了政治风险出险的理赔义务后，即可根据 BIT 向东道国代位求偿。这样，美国海外投资者与东道国之间的争端就上升为美国有政府背景的 OPIC 与东道国之间的争端，为投资纠纷的顺利解决提供了一种非政治途径。双边模式从法律角度保护了本国投资者权益，不过，其缺点也很明显，那些没有与美国签订 BIT 的国家，其项目则无法获得美国海外投资保险机构的保障，极大可能阻碍美国对这些国家投资的顺利进行。

1950 年，日本政府出台《贸易保险法》建立海外投资保险制度，该制度模式为单边模式，即并不以与东道国签订 BIT 为前提，只要符合日本的法律规定，投资者就可以投保海外投资保险。采用这一模式的原因是，二战后日本国际形象下跌，经济衰退严重，国际间贸易合作困难重重，为发展本国经济贸易，日本只能采取不强制要求签订 BIT 的单边模式。单边模式的不足之处在于，当与双方未签订 BIT 的东道国发生赔偿纠纷时，日本海外投资保险机构的实际代位求偿过程往往比较艰难。

德国的海外投资保险制度采取单边模式与双边模式相结合

---

① 海外私人投资公司（OPIC，Overseas Private Investment Corporation）是全球首家海外投资保险机构，同时也是美国国际开发署的衍生机构。海外私人投资公司是根据美国 1961 年《对外援助法案》，于 1969 年成立的发展融资、自负盈亏的独立机构（政府公司），目的在于协助美国对发展中国家的私人投资，促进发展中国家和新兴经济体发展，实现美国的外交政策目标。

的"混合模式"。海外投资保险机构在承保条件的一般要求上并不以双方签订 BIT 为前提，在政治风险可控的国家投资时可以采取单边模式，在投资政治风险较大的东道国时，为保证承保机构后期行使代位求偿权，可以采取双边模式。但在实际业务中，德国保险机构仍倾向于为签订了 BIT 国家的项目承保，因此，总体来说，德国是双边模式为主、单边模式为辅的混合模式。① 这种模式的优点在于可以根据东道国政治风险情况、国内实际情况等选择某一种模式，具有灵活性与自主性。

二、海外投资保险相关机构主体的法律关系清晰

从各国立法实践看，海外投资保险市场主体的法律关系有两种。第一种指海外投资保险机构既是海外投资保险业务的审查批准机构又是其经营机构，第二种指海外投资保险业务的审批机构、经营机构分开独立。美国采用的是第一种方式，日本和德国采用第二种方式。

美国于 1969 年修订《对外援助法案》，设立海外私人投资公司作为海外投资保险机构，法律规定 OPIC 由美国政府领导并独立于联邦其他行政部门，运营资金由美国国库拨款。美国OPIC 是国家设立的主营海外投资保证和保险业务的专门机构，有很强的政府背景，也同时具备私人性质，是独立法人，可以利用个人信用贷款和投融资以扩大个人参与股权的比例。这种

---

① 王军杰，石林. 论"一带一路"框架下我国海外投资保险制度的完善与重构［J］. 财经理论与实践，2019，40（1）：156-160.

双重定位有以下优势：OPIC 具备的国家性质使其在国际上更加具备话语权，有利于顺利进行代位求偿，美国政府通过 OPIC 便于对海外投资进行宏观调控，国家政策执行力度强；OPIC 的商业性使其在不同政府间起到桥梁作用，使发生的矛盾商业化、简单化，避免了政府之间直接面对矛盾。

日本海外投资保险业务的审批机构和经营机构相互独立。根据日本《外汇及对外贸易法》，经济产业省贸易局是海外投资保险业务的审批部门，主要审批日本企业在海外投资、投保海外投资保险、海外投资保险制度建设、准备金的申请等，以确保海外投资符合国家利益。海外投资保险具体业务则由出口和投资保险组织（NEXI, Nippon Export and Investment Insurance）承办，该机构由通产省进出口保险课演进和重组而来。目前，NEXI 隶属于经济产业省贸易局，遵循政策性金融（保险）机构的职能定位，以实现国家稳定和经济社会健康发展为目标来开展和经营出口信贷和投资保险等业务。目前，审批机构与经营机构分工协作，既保留了主体统一性，又保留了一定的独立性。

德国海外投资保险制度的机构设置与日本类似，审批机构是德国联邦政府的经济和能源部，该机构负责管理德国对外经济政策和外贸事务，包括审批德国企业的海外投资以及海外投资保险业务。海外投资保险的经营机构是德国出口信用保险公司（Euler Hermes，被称为裕利安怡集团公司），它是德国联邦政府授权的唯一对外信用保险机构，属于国有性质，负责提供出口信贷和投资保险等服务，支持德国企业在海外市场的拓展。

值得注意的是，发达国家海外投资保险市场已经出现了私人部门政治风险保险商等金融机构，这类商业性保险机构愿意帮助投资者在发展中国家经营，但政府背景的保险机构 OPIC 仍然得到大量资金支持。这是由于，OPIC 能保护美国的国家利益，如果只有私人部门的保险机构单独进行商业性运作，将不能保证这些利益。并不是所有对外投资项目都对母国有利，此时私人利益和国家利益可能发生冲突，OPIC 通过对项目的选择性支持，可以保护那些对美国国家利益有正面作用的投资项目，体现国家政策导向。此外，OPIC 业务建立在美国与东道国签订 BIT 的基础上，能够阻止东道国采取可能导致赔偿的行为，这种能力对私人政治风险保险商来说是无法达到的，很难复制 OPIC 的威慑功能或再现它的补偿率。

三、海外投资保险保障范围与承保条件根据业务实际不断拓展

美国海外投资保险的承保范围主要是外汇禁兑险、征收险、战争与内乱险三种政治风险，其特色主要有两点：一是体现在征收险方面，美国法律规定的征收定义范围相对其他国家范围更广，有些不属于国际法一般原则内的行为（如"蚕食性征收"）发生时，也被放入征收范围，可以进行索赔。二是体现在战争与内乱险方面，将战争风险范围扩大、期限延长，战争风险的承保范围可以扩大到在战争期间为了避免更大风险而采取措施所造成的各种损失。总体而言，美国海外投资保险的承保范围在一定程度上考虑了美国实际情况，并优先考虑了本国的利益稳定性。

美国法律对可以进行海外投资的合格投资者条件的规定，是建立在国籍和资本控制的双重标准基础上的。合格投资者条件包括：具有美国国籍的公民；依美国联邦、州或属地法律所设立的法人或其他社团，其51%以上的资产应隶属于本地公民、公司、合伙组织或社团所有；外国公司、合伙组织、社团的全部资产或95%以上资产由美国公民、公司、合伙组织或社团所持有。对于可以投保海外投资保险的项目，则需要满足以下四个条件：1. 新投资的项目，并在特殊条件下可以包含能扩大现有企业规模、提升现代化水平的投资项目；2. 海外私人投资公司认可的在发展中国家和地区投资，并经美国政府审核后同意开展保险、再保险、保证的项目；3. 东道国政府批准同意的项目；4. 已签订双边投资保护协定的项目。由此可见，美国海外投资保险的投保人以及可投保项目的划定范围是比较大的，但对投资者身份、项目资本要求和是否签订 BIT 有一定限制，保障了对外投资资本的盈利性和安全性。

日本海外投资保险的承保范围与美国大体相同，主要承保外汇禁兑险、征收险、战争与内乱险。日本比较重视资源类项目，对资源类项目还增加承保了一些商业性风险，例如，规定保险机构可以赔付非投资者导致的东道国项目破产后延迟返还债务 6 个月以上的情况。2014 年，日本修订《贸易和投资保险法案》，将 NEXI 的保险覆盖范围进一步扩大，例如，包括日本投资商所遭遇的恐怖主义行为损失等，大大降低了企业遭遇政治风险后的损失程度。日本海外投资保险投保人条件比美国宽松，规定为从事海外投资活动并具有日本国籍的自然人或法人。可以投保海外投资保险的项目则主要有以下几类：1. 海外合资公司的日本股东向该公司出资的长期贷款，其债务偿还期在 5 年以上者；2. 日本投资者对于东道国法人的长期贷款具备直接支配、经营权的项目；3. 日本投资者取得的不动产采矿权或其他权利；4. 日本投资者向东道国法人提供的为期 5 年以上的长期贷款，仅限于以开发、输入资源为目的。日本海外投资保险承保的项目主要是长期项目，这一点与我国目前情况较为相似。

德国海外投资保险的承保范围与美国和日本类似，除了承保基本的外汇禁兑险、征收险、战争与内乱险这三大类政治风险外，还扩展到其他风险，例如，迟延支付险和货币贬值险，分别承保东道国延迟偿还债务以及东道国发生货币贬值而致使投资者蒙受的经济损失。合格投保人条件较为宽松，包括企业须在德国境内有居住地点，企业类型涉及产品的生产、采购、销售及运输等。可以投保海外投资保险的项目主要有以下几类：1. 企业以资本、商品或劳务的形式进行海外投资，且享有投票权、控制权、同意权、利润处分权等；2. 向总部位于德国的企业建立东道国分支机构提供资本金的项目；3. 贷款项目，指具有资本参与性质的海外贷款。

由上述内容可知,美日德三国海外投资保险保障范围与承保条件根据业务实际发展情况而不断拓展,在一些细节规定上,有的国家对可投保海外投资保险的项目要求较为严格,例如,日本对项目期限有长期性要求,有的国家则对项目的长期性未作要求。

四、海外投资保险费率、保险期限等根据项目风险情况调整

美国保险机构对海外投资保险费率、保险期限等的规定较为灵活,可以在国家规定范围内根据项目实际情况与承保机构自身利益做出保障承诺。保险机构根据项目面临的政治风险类别、保障年限、项目性质和规模等因素制定了不同的保险费率标准。例如,鼓励中小型企业投保海外投资保险,征收风险保障一般按承保金额的 0.4%—0.8% 收取,战争风险保障按承保金额的 0.6% 收取,汇兑风险保障按承保金额的 0.3% 收取。若企业还投保其他险种,则双方可以通过协商在一定范围内进行费率调整。关于保险期限的规定,保险机构可根据项目类别、形式、特点、合同年限等确定保险期限,最长可达 20 年。关于保险金额的确定,一般规定上限是投保项目在批准时确定的票面价值与利得总额,并规定双方共担风险,保险公司最高承担 90% 的保险责任,其余 10% 由被保险人自己负责。

日本海外投资保险一般项目的保险费率约为 0.55%,资源

开发类项目的费率略高，约为 0.7%，若日本进出口企业协会等安排企业统一投保，保险机构还会适当降低保费。保险期限一般为 5~15 年，超过 15 年的合同要由经济产业省审批。日本的海外投资保险的赔付率比其他国家更高，损失赔付率达到 95%。对于日本企业向欠发达国家和地区投资的制造业、矿业、农林水产业及建筑业等风险较大的项目，出险时日本的海外投资损失准备金将对企业进行损失补贴，补贴率高达项目金额的 12%，大大减轻了企业资金压力。

德国海外投资保险业务一般保险期限为 15 年以内，特殊情况下最长可延长到 20 年。保费标准根据保险期限划为 4 档：保险期限小于 5 年的项目，费率为 0.6%；保险期限在 5 年（含 5 年）到 10 年之间的项目，费率为 0.5%；保险期限在 10 年（含 10 年）到 15 年之间的项目，费率为 1.0%；保险期限在 15 年（含 15 年）到 20 年费率为 1.5%。

五、优先承保中小型私人投资项目，鼓励私人资本参与海外投资保险市场

从不同规模的海外投资企业所得到的风险保障资源来看，在实践中，美国 OPIC 往往优先承保中小投资者的海外项目，相关政策包括提高对中小企业项目的承保比例、开发针对中小企业项目的更多险种、降低中小企业项目保险费率等，给予中小型投资者更多支持和保障。这是因为，相对大型企业而言，中小型私人企业抗风险能力更弱，但中小型企业数量众多，并

且出险后的损失也相对较小，赔付额可控，符合保险大数法则原理，有利于保险经营稳定性和盈利性。扩大对中小企业投资者的风险保障，对于我国以大型国企为主要保障对象的中国信保公司而言，具有一定启发意义。

从海外投资保险市场参与主体来看，美国、德国、法国均鼓励私人资本的参与。在美国，从海外投资保险立法到 OPIC 实际业务运营，均鼓励私人资本参与海外投资保险领域。美国政府通过法律形式鼓励 OPIC 与私人保险机构开展业务合作，包括共同保险或再保险合作。OPIC 则引导美国海外投资者优先考虑私人保险机构提供的海外投资保险，并且只为已无法寻求合适的私人保险商为之承保的海外投资者提供政治风险保障。德国出口信用机构 Euler Hermes 也引入私人保险商进行分保，法国对外贸易保险公司 COFACE 则雇佣私人公司来承保和管理其海外投资保险。① 这些国家之所以引入私人资本参与海外投资保险市场，主要是由于国家财政支持的政策性保险机构无论从资金还是产品创新上都难以满足整个海外投资保险市场需要，难以最大限度地防范海外投资所面临的各类非商业性风险，引入私营保险机构的参与，可以有效分散风险。

六、小结

总而言之，各国海外投资保险制度都经历了一个从无到

---

① 王晓坤，查媛，方旭．政策性海外投资保险制度之辩：关于美国 OPIC 的讨论及对我国的启示 [J]．国际金融研究，2004（12）：40-44.

有、从简单到完善的过程，结合政府职能和市场功能对海外投资保险进行顶层设计和监管。以美国为例，在立法规范方面，从最初的零星条例到目前的独立规范、系统规定；在制度模式方面，从最初由政府独立运作到目前采取半官方运作模式，实现了市场经营灵活度和政府政策控制的平衡；在承保期限上，从最长不超过14年到最长可达20年，更好地满足了投资者需求；在承保范围方面，从最初的禁兑险发展到现在的外汇险、政治暴力险和征收险，并不断拓宽承保范围，根据业务实际不断细化相关定义，以最大程度地保障投资者损失。各国在实践中不断调整立法和相关承保政策，以期更好地实现海外投资保险服务宗旨与目标。

在海外投资保险制度模式的选择上，美、日、德三种模式都是在尊重本国历史起点和国内外经济政治实际情况演变的基础上制定的制度模式。双边模式的优势在于较好地控制风险，在风险发生时，化政治问题为商业问题，易于实现代位求偿权；缺点在于海外投资保险只保障了与本国签订 BIT 的东道国项目，投保条件严格，在一定程度上削弱了海外投资保险服务的公平性。单边模式不以与东道国签订 BIT 为前提，减少了不公平现象，有利于本国海外投资发展；其缺点是政治风险事故发生时，保险机构的代位求偿权得不到充分保障，承担较大损失。混合模式结合了两者的优势，但承保标准的多样性可能会带来管理上的不确定性。中国目前采取的是单边模式，在日趋复杂的国际政治经济形势下，政治风险出险概率提升，该模式有待调整，可以考虑以双边模式为主、单边模式为辅的方式，这种方式能够结合两种模式的优势，最大程度地培育市场。

在机构设置上，日、德均设置了经营与审批机构，既保留了主体统一性，又保留了一定独立性。我国可以借鉴日、德模式，设置专门的海外投资保险审批机关，既可以考虑由商务部、财政部、国家金融监督管理总局共同抽调人员设立相关独立部门进行审批，也可以考虑在国家金融监督管理总局下设审批机构，保障海外投资保险制度的顶层设计。

在投保条件上，目前中国的投保企业大多属于中国境内注册的大中型企业，这种条件的设置限制了海外投资保险的潜在投保群体形成，不利于我国海外投资发展。因此，应考虑扩大多种经济主体、不同规模企业的海外投资保险投保权利，例如，鼓励私营、小微企业等多种企业类型投保，这样，有利于扩大海外投资保险潜在投保群体，符合保险大数法则原理，也有利于海外投资保险的需求方市场形成。

在保险范围上，美、日、德等国依据业务经营实际情况对海外投资保险产品不断进行创新，使得海外投资保险的发展更加符合企业海外项目的风险管理需要，使企业更好地融入东道国市场。我国可以借鉴其创新承保范围的一些做法，结合"一带一路"建设中沿线国家和地区形成政治风险的多维度、多发性因素，进行产品创新与发展。

在保险金额、保险期限和费率方面，美、日、德均做了较为详细的说明。这些方面我国仅依靠中国信保在承保时的相关政策远远不够，应根据针对不同企业类型、规模、投保项目的具体情况等制定专门的扶持及优惠政策，更大范围的提升海外投资保险投保率，提升业务经营的专业性。

第三节　我国其他政策性保险制度发展启示

中国出口信用保险、巨灾保险、农业保险都是政策性保险，但在具体经营中并未禁止商业性保险机构参与，甚至出口信用保险中的短期出口信用保险已经市场化，完全对商业性保险机构放开经营。海外投资保险制度和其他政策性保险制度虽然各有特点，但也具有一定程度的联系，以其他政策性保险制度的发展历程和发展特点作为完善海外投资保险制度的参考，具有重要意义。首先，其他政策性保险制度和海外投资保险制度均是我国的国内政策，在我国不同的历史发展阶段有着相似的发展特点，可供彼此借鉴。其次，它们都是维护我国社会稳定、促进我国经济发展的手段，无论其政策指向是对国外还是国内，其根本目的仍是为了促进我国国民经济的发展，维护我国国家利益。在我国现有的基本国情之下，从发展历程和特点上分析我国其他政策性保险制度，对于完善海外投资保险具有重要的参考价值。

一、出口信用保险的发展历程和特点

从出口信用保险的发展历程看，其产生是改革开放发展到一定阶段的产物。1988 年，国务院决定正式建立出口信用保险制度，在之后 30 多年的探索与发展过程中，我国出口信用保险先后历经了独家试办（6 年）、两家主体共办（7 年）、独家专业经营（12 年）以及多主体经营（9 年）四个阶段。[1] 我国出口信用保险从弱到强，经营管理能力与风险防范能力明显增强，在支持我国对外贸易方面发挥着重要作用。

（一）第一阶段（1988—1993 年）：独家试办阶段

这一阶段由中国人民保险公司独家试办。试办初期，《关于开办机电产品信用保险几个问题的请示》中指出"出口信用保险是国家……开办的一项政策性业务"，该项业务"实行单独管理，保本经营"，经营审慎稳妥、风险把控严格，规定"拟先在机电产品出口量较大的省、市和经营管理较完善的出口企业试办短期出口信用险业务……以办理机电产品短期出口信用保险为主，对情况复杂金额大、收汇期长的中长期出口信用保险，……经严格审查后决定是否承保和如何承保"[2]。这段时期是我国出口信用保险的萌芽时期，整体规模相对较小，但所开发产品和制定的各项业务管理规定，初步建立了出口信

---

① 周玉坤. 我国出口信用保险的发展进程［J］. 保险研究，2019（1）：75-86.

② 中国人民保险公司. 中国人民保险公司关于开办出口信用险业务的补充通知［EB/OL］. 法邦网，1989-04-20.

用保险制度的基本框架。①

（二）第二阶段（1994—2000 年）：两家共办阶段

这个阶段是由中国进出口银行和中国人民保险公司共同承办出口信用保险业务。1994 年，伴随着金融体制改革的进一步深化，中国进出口银行成立，在提供出口信贷的同时，被允许经办出口信用保险等业务。此外，中国人民保险公司出口信用保险业务并未停止，短期出口信用险和中长期出口信用保险两类业务都获得了持续稳步发展，中国人民保险公司还陆续开办与出口投资相关的其他险种，不断完善中长期出口信用保险业务体系。

（三）第三阶段（2001—2012 年）：独家专营阶段

2001 年，中国出口信用保险公司成立并于当年年底正式办理政策性出口信用保险业务，中国人民保险公司和中国进出口银行停止出口信用险相关业务办理。这一阶段我国出口信用保险实现了跨越式发展。中国信保成立以后，不断丰富完善产品体系，形成了以短期和中长期出口信用保险为主导，海外投资保险、国内贸易信用保险、担保业务、资信评估和应收账款管理在内的产品体系；同时，初步形成了以风险识别、度量、评估、风险防范及补偿等为主要环节的风险管理体系，努力培育出口信用保险市场。

---

① 何慎远，汪寿阳. 中国出口信用保险研究［M］. 北京：科学出版社，2012：33.

这一阶段，我国出口信用保险市场的培育离不开国家的支持和助推。2008年，金融危机发生后，我国出口额持续下滑，国务院多次下达专项任务应对极其严峻的外贸形势，如要求"提高出口信用保险覆盖率，安排短期出口信用保险承保规模840亿美元"等，有效稳定了出口，同时迅速扩大了中国出口信用保险市场。[1]

（四）第四阶段（2013年至今）：多主体经营阶段

不同出口贸易项目所蕴含的风险不同，短期出口信用保险业务的收汇风险较小、投保金额不大、周期较短，即使遭受了信用风险，保险机构的损失也不会太大，商业性保险公司完全可以按照自负盈亏的原则进行经营；相反，有些大型项目如成套设备等资本性货物的出口涉及金额巨大、项目周期长，市场风险和政治风险都很大，一旦出险，保险机构的损失将难以估量，需要有国家财政背景的政策性保险机构进行保障。

因此，从2013年起，我国短期出口信用保险市场开始向商业保险公司开放，有四家商业保险公司先后获批开展短期出口信用险业务，这四家公司分别是中国人民财产保险股份有限公司、中国太平洋财产保险股份有限公司、中国平安财产保险股份有限公司、中国大地财产保险股份有限公司。[2] 这些公司

---

① 国务院发展研究中心宏观部，中国出口信用保险公司联合课题组．中国出口信用保险公司政策性职能履行评估报告（2012—2014）［M］．北京：中国发展出版社，2017：92．

② 财政部关于引入商业保险公司开展短期出口信用保险业务试点有关问题的通知［EB/OL］．中国政府网，2014-06-16．

积极展开业务经营，尤其是人保财险，迅速搭建起短期出口信用险全国服务平台和风险管理平台，初步完成了业务的全国覆盖。[①] 在业务竞争态势下，短期出口信用保险费率由千分之五降为千分之三，服务支持小微企业超过 14 万家，支持小微外贸企业出口达到 1224.5 亿美元，增长 23.9%。[②]

二、巨灾保险的发展历程和特点

巨灾保险制度是政府运用现代金融手段应对重大自然灾害风险的有效途径。我国巨灾保险制度是从地震巨灾风险保障开始建立的。

（一）巨灾保险发展历程

国务院于 2006 年发布《国务院关于保险业改革发展的若干意见》，提出"建立国家财政支持的巨灾风险保险体系"，2008 年发生的汶川特大地震，促使我国巨灾保险制度研究与试点工作加速推进。2013—2014 年，《中共中央关于全面深化改革若干重大问题的决定》和《国务院关于加快发展现代保险服务业的若干意见》明确提出建立巨灾保险制度，并强调巨灾保险建设应以制度建设为基础，以商业保险为平台，以多层次风险分担为保障。为贯彻落实中共中央、国务院的相关要求，2015 年，原保监会（现国家金融监督管理总局）指导行业组

---

① 短期出口信用险人保财险全国 37 家分公司成功出单 ［EB/OL］. 人民网，2014-04-15.

② 数据来源：中国出口信用保险公司 2021 年度报告。

建"中国城乡居民住宅地震巨灾保险共同体",目前已有45家符合条件的商业性财产保险公司成为地震共保体成员。

随后,我国建立了地震巨灾保险相关实施规范。2016年,原保监会(现国家金融监督管理总局)等部门出台《建立城乡居民住宅地震巨灾保险制度实施方案》,2017年,财政部发布《城乡居民住宅地震巨灾保险专项准备金管理办法》,我国正式建立起地震巨灾保险制度,并开始积极推动建设除地震之外的多灾因巨灾保险制度。2021年,原银保监会(现国家金融监督管理总局)发布《关于境内保险公司在香港市场发行巨灾债券有关事项的通知》,支持境内保险公司在香港发行巨灾债券,用来转移包括地震在内的其他灾害事件(如洪水、突发公共卫生事件等)的多灾因损失。

当前,我国巨灾保险取得了较好的发展成果。截至2022年6月末,地震巨灾保险共同体累计为全国1876万户居民提供7087亿元的地震巨灾风险保障,累计赔款约9636万元。分析业务快速发展的原因,主要有以下三点:一是形成了政府与市场的有效结合。在"政府推动、市场运作、保障民生"原则下,政府负责立法保障、制度设计以及政策支持,商业市场主体负责具体运营。二是建立了多层损失分担机制。基于"风险共担、分层负担"的原则,由投保人、保险公司、再保险公司、巨灾保险专项准备金、财政支持及其他紧急资金安排逐层承担损失,并设定了总体赔付限额。三是不断创新巨灾保险产品。例如,除了中国城乡居民住宅地震巨灾保险这一主要险种，上海保险交易所开发了多年期住宅地震巨灾保险产品，各地政府如云南、黑龙江、广东等地试点了巨灾指数保险模式，有部分地区还将强台风、洪水扩展进入了巨灾保障责任中。

（二）"政府+市场"模式是巨灾保险发展的保障

通过市场机制引导商业保险公司参与巨灾风险管理，是现代金融手段转移灾害风险的有效途径。然而，目前地震灾害的损害程度高但发生频率低，导致这一风险容易被忽视，社会投保意愿不强，单纯依靠市场自身运行会出现投保率和覆盖面不足，往往使巨灾保险实际发挥的作用与预期差别较大。因此，在巨灾保险发展过程中，各级政府发挥的作用十分关键，仍然需要加强政府市场增进功能，例如，提升巨灾风险市场认知，普及巨灾风险社会管理理念，通过保费补贴等方式激发公众对巨灾保险的需求，再由多家保险公司与各地政府部门合作，形成共保体承担巨灾风险。

2013 年起，我国多地开展的巨灾保险试点均获得财政支持。例如，深圳有地震、台风、海啸、暴雨、泥石流、滑坡等15 种灾害，政府作为参保人，被保险人包括户籍人口、常住人口和临时来深人员，实现了人员全覆盖；2021 年至 2022 年，宁波市财政每年支出超过 4000 万元财政资金，为全体市民购买公共巨灾保险；四川实施"直接保险—再保险—地震保险基金—政府紧急预案"的多层次风险分担机制，形成"市场+政府"模式，有效分担风险。

三、农业保险的发展历程和特点

农业保险是处理农业风险的重要财务安排，是推动我国农业现代化发展的重要支柱之一。[①] 改革开放以来，我国农业保险经历了业务恢复、停滞萎缩、稳步发展再到全面推行的演变过程，最终明确了我国农业保险的"政策性"定性，实行"以政府主导的政策性农业保险为主、以商业性农业保险为补充"的运行模式[②]。

（一）农业保险恢复发展阶段（1978—1992 年）

这一阶段农业保险以市场化经营为主，逐渐向"政府组织推动、农民互助共济、保险公司经办"方向转变。中共十一届三中全会后，中国实行家庭联产承包责任制，农户开始独立面对农业风险，急需将与农业相关的自然风险及市场风险转移出去。1982 年，国务院要求逐渐开办农村财产保险、畜牧保险等农业保险业务，中国开始恢复试办农业保险。当时中国人保按照商业化经营方式开展农业保险业务，风险大、成本高、收益低，出现了大干大赔、亏损突出现象。1989 年后，为扭转困境，中国人保将农业保险经营方式向"政府组织推动、农民互助共济、保险公司经办"方向转变，农业保险政策性地位得以

---

① 李丹，张胜男. 改革开放 40 年来我国农业保险发展历程及展望［J］. 农业经济与管理，2019（1）：53-60.

② 李丹，张胜男. 改革开放 40 年来我国农业保险发展历程及展望［J］. 农业经济与管理，2019（1）：53-60.

提升。随后，多地相继开展政府引导与农民互助合作的农业保险试点，综合性保险公司、专业性农险公司、互助保险协会进入农险经营领域，农业保险经营主体开始多元化发展[①]，形成了类似完全竞争的市场结构，促使保险公司不断完善保险产品，农户选择权增大，促进了农业保险良性发展。

（二）农业保险停滞徘徊阶段（1993—2003 年）

这一阶段政府不再对农业保险给予政策支持，对农业高风险性和农民收入低缺乏足够认知，随之而来的保费升高导致农民投保积极性下降。此外，1993 年起国有企业开始市场化改革，中国人保在利税考核压力下不再对农业保险实行单独推动，而是按照普通财产保险模式进行市场化经营，市场需求和供给同时萎缩，导致农业保险业务规模下降，人员队伍和机构建制逐步缩减。1996 年，《国务院关于农村金融体制改革的决定》指出要逐步创建农业保险合作社或国家性、地方性的农业保险公司，基层政府出现行政过度干预现象，强制要求农户集体投保并收取保费，农户抵触强烈，以至保险公司不得已停办农险业务，农业保险发展陷入困境。

（三）农业保险稳步发展阶段（2004—2013 年）

这一阶段的最大特点是政府职责归位，政府认识到农业风险损失频率和损失程度双高的特点使得农业保险费率较高，然而农民收入低，需要财政给予一定保费补贴，使费率达到保险

---

① 孙祁祥，锁凌燕，郑伟，等. 改革开放 30 年：保险业的嬗变及发展路径的审视 [J]. 财贸经济，2009（2）：50-56+136-137.

公司和农民都能接受的水平，以减轻农民负担，缓解农业保险的供需矛盾。例如，2004 年，《中共中央国务院关于促进农民增加收入若干政策的意见》首次提出要加快建立政策性农业保险制度，并对符合条件的种养业农户给予一定保费补贴和政策支持。2006 年，《国务院关于保险业改革发展的若干意见》明确要求探索建立"农户保费补贴+农险公司经营管理补贴"相结合的农业保险长效发展机制。2007—2013 年连续 7 年的中央一号文件多次强调加大政策性农业保险试点范围，加大政策补贴扶持力度，构建农业风险防范体系，完善保费补贴机制，等等，力求推动农业保险健康稳定发展。其间，财政部印发《中央财政农业保险保费补贴试点管理办法》，为农业保险的制度化与规范化发展提供了制度保障和法律依据，极大推动了农业保险进一步发展。政府先后批准成立三家专业性农业保险公司，鼓励保险公司与政府联办或为政府代办农业保险，农业保险进入制度化和规范化稳步发展阶段。

（四）农业保险全面推行与创新发展阶段（2014 年至今）

2013 年，《农业保险条例》正式实施，明确了我国农业保险的"政策性"定性和"国家支持的保险制度"定位，制度运行原则确立为"政府主导、政策支持、市场运作、农民自愿"，政策性农业保险开始在全国全面实施。《农业保险条例》提出国家支持发展多种形式的农业保险，地方政府可以在全国制度模式基础上确定适合本地实际的农险经营模式，这基本确定了农业保险发展模式为"政府市场合作"模式，并实行中央和地方政府双层决策机制。

从立法层次看,《农业保险条例》虽然仅为法规,但却是我国农业保险市场法治化建设的起点,加深了社会对农业保险认识程度,增强了农民投保意愿,对农业保险发展具有重大意义。《农业保险条例》将农业保险内涵扩大至涉农保险;将农业保险经营机构范围由保险公司扩大到互助保险等保险组织,明晰了农险经营的基本规范、经营规则和法律责任,极大调动了农险经营机构积极性;明确政府部门进行管控,为以多种形式开展政策性农业保险提供了监管依据和政策导向。截至2022年,我国农业保险保费收入达到1192亿元,同比增长26.30%,目前已成为全球农业保险保费规模最大的国家。①

四、启示

从出口信用保险、巨灾保险、农业保险这三类保险的发展历程看,均是政府(或政策性保险机构)与市场(或商业性保险机构)功能边界的探索过程。

纵观这三类具有政策性特点的保险业务,出口信用保险从全部业务均为政策性保险到允许商业保险机构进入短期出口信用保险领域、政策性的信用保险机构转而专注于中长期出口信用保险领域;巨灾保险从商业保险机构自发经营到政府负责推动立法保障及政策支持、商业保险机构承办业务;农业保险也

---

① 修订《农业保险条例》是推动农业保险高质量发展的需要 [EB/OL]. 新浪财经,2022-07-05.

是从以农业保险商业化经营为主，出现经营困境后几经嬗变，建立了"政府主导、政策支持、市场运作、农民自愿"的政策性农业保险体系，政府因素与市场因素共同发生作用。在这三类保险业务长期的曲折发展中，有的因市场失灵问题演进到政府介入引导，有的因市场特点变化导致政策性机构的政策性功能运行不畅而放开市场化经营，这历次变革和创新，其动因都是为了适应我国不同历史时期所处的背景以及市场的实际需要。事实上，从全球来看，政策性保险机构与商业性保险机构在同一市场上的你进我退或相互合作也随着经济社会的发展而变化。例如，2008年金融危机发生之前，政策性保险机构退出短期出口信用险市场，商业性保险机构纷纷进入该市场，但是在金融危机发生后，政策性保险机构又通过再保险或直接承保等方式重新进入该领域，为商业市场主体不愿承保的风险提供保障。因此，政策性出口信用保险机构同商业保险公司之间并非竞争关系，而应相互协作。[①]

因此，针对我国海外投资保险业务发展中存在的问题，也应在国家战略和市场实际需求之间寻求平衡，密切关注国内外政治经济环境的复杂变化以及海外投资保险领域的变革，在尊重市场规律的前提下大胆创新，研究政策性保险和商业性保险的关系，进一步提高为客户服务水平，促进我国海外投资保险业务高质量发展。

---

① STEPHENS M. The Changing Role of Export Credit Agencies ［M］. Washington D. C.：IMF, 1999：238-240.

第四节　本章小结

本章从中国金融发展路径、典型国家海外投资保险制度发展对比、中国其他政策性保险发展这三方面分析，认为在任何领域寻求发展都应该适应不同历史时期所处的背景以及市场的实际需要。在典型国家海外投资保险制度发展以及中国的金融市场化改革、出口信用保险市场化改革过程中，首先由政府发起参与了市场，待市场逐渐形成和培育后，引入商业性机构进一步扩大市场，政府因素在此过程中发挥着弥补市场不足和增进市场功能的正向作用。即使在农业保险、巨灾保险等难以实现传统市场化竞争的保险业细分领域，政府与商业保险机构也并不是挤出和替代关系，而是有效的合作关系。商业保险市场发挥基础性作用，政府则弥补市场存在的缺陷与不足，提高市场效率。政府不仅是制度的设计者与执行者，还是市场机制的培育者和促进者，更是促进市场发展的内生化因素。

无论是国外海外投资保险和中国开发性金融、出口信用保险领域的政府先培育市场再引入商业机构，还是巨灾保险和农业保险的先市场化经营后政府介入主导，都基本上遵循了"先上位法，后精细化"的立法路径，先行制定法律法规、规范性文件或部门规章，并以市场绩效为依据，试点先行、细化管理，解决遇到的问题，积极总结试行经验再行推广，逐渐把市场培育起来。因此，海外投资保险制度也必然会经历一个从简单到完善的过程，结合政府职能和市场功能对海外投资保险进行顶层设计和监管，在实践中不断调整政策和立法，以期更好地实现海外投资保险服务宗旨与目标。

第五章

建立以开发性保险为核心的海外投资项目保险新模式

从国际经验及长期趋势看，一味扩张政策性保险机构规模既会增加财政负担，也会对商业性保险机构产生挤出效应，影响保险资源的有效配置，因此，国际上的一个倾向是逐步缩减政策性保险机构的政策性功能，逐渐通过市场化方式放开更多的政策性业务经营。不过，政策性保险机构与商业性机构的业务领域更替也会出现反复，尤其在某些特殊时期更是如此。例如，2008年国际金融危机期间，各国重新强化了政策性保险机构在应对危机、促进业务结构调整等方面的职能，政策性保险机构对私营保险公司不愿承保的空白地带，又通过再保险或直接承保等方式重新进入该领域。这说明对于某些具有较大风险并容易受到政治、经济大环境影响的业务领域，其市场化应该是循序渐进的，不可一蹴而就。我国作为发展中国家，逐渐深度融入国际社会，海外投资领域越来越多地受到国际国内复杂因素的共同影响，发展中还将出现新的问题，在这种环境下，海外投资保险领域将存在更大的复杂性，虽然目前的政策性保险模式存在一些"政府失灵"现象，但该领域不能贸然放开市场进行商业化经营，而要统筹全局、审慎推进，从而更好地发挥海外投资保险服务国家战略和国家利益的功能和作用。

因此，应充分认识海外投资保险领域改革的长期性和复杂性，需要明确政策性保险与商业性保险的动态边界，对政策性保险的规模进行合理规划，最大限度降低其对商业性保险的挤出效应，力求形成政策性保险与商业性保险相互补充、良性发展的格局。本章以市场增进理论为提出开发性保险的立论基础，提出海外投资保险领域由政策性保险、开发性保险、商业性保险共同配置保险资源的"三位一体"模式，其中开发性保险介于政策性保险与商业性保险之间，可以看作政策性保险的深化和发展，既具有政府背景又着意培育市场，为放开市场化经营做准备，并以核心—边缘理论为选择开发性保险战略支点东道国的理论基础，从而使保险机构在进行"一带一路"对外投资风险保障的过程中更具有梯次性和适应性。

第一节　开发性保险的内涵及其与政策性保险、商业性保险的关系

党的十八届三中全会通过的《中共中央关于全面深化改革若干重大问题的决定》提出"推进国家治理体系和治理能力现

代化"这一重大命题，而推进国家治理体系和治理能力现代化就是要推进国家、市场形成良性的互动机制。落脚到海外投资项目风险保障这一研究主题上，政府应该如何推进海外投资保险体系和风险保障能力的现代化？我们认为，核心在于明确政府、市场各自应发挥的作用，理顺两者之间的关系以求最大化构建海外投资项目所必需的风险保障资源供给。青木昌彦等人提出的"市场增进理论"就诠释了政府与市场可能的兼容关系，认为政府政策的职能在于促进或补充私人部门的协调功能，政府与市场不是相互排斥、互相替代的。政府可以通过特定政策制定和机制设计，定位于改善私人部门发展环境以及克服其他市场缺陷，辅助私人部门的发展，把政府视作与经济体系相互作用的一个内在参与者，而不是解决市场失灵问题的外在机构①。

基于市场增进理论，本章提出海外投资保险领域由政策性保险、开发性保险、商业性保险共同配置保险资源的"三位一体"保险模式，其中，政策性保险和商业性保险的含义已有共识，只对开发性保险的定义和内涵需要加以说明，并对三者的关系加以分析说明。

一、开发性保险的定义和内涵

参考国家开发银行对开发性金融的定义，我们从服务宗

---

① 青木昌彦等编：《政府在东亚经济发展中的作用——比较制度分析》，北京：中国经济出版社，1998 年.

旨、基本模式、经营原则等方面对开发性保险的定义和内涵做出以下阐述。

开发性保险是政策性保险的深化和发展，以国家信用为依托，以服务培育海外投资保险市场为目标，以市场化运作为基本模式，以保本微利为经营原则，在实现政府发展目标、弥补政府失灵和市场失灵、提高社会资源配置效率等方面寻求平衡。

开发性保险的基本内涵包括以下四方面：1. 以国家信用为依托，通过财政收入或市场化发债集中长期大额资金，支持海外投资建设。2. 以服务培育海外投资保险市场为目标，致力于缓解海外投资发展的瓶颈制约，重点支持中小项目建设，避免重大政治风险，同时发挥引领带动作用，努力实现服务国家战略与专业领域发展的有机统一，引导商业机构与社会资金共同支持各类海外投资项目发展。3. 以市场运作为基本模式，发挥自身在政府与市场间的纽带作用，建设并逐渐完善市场信用与制度，促进海外投资项目的商业可持续运作。4. 以保本微利为经营原则，严格管控风险，在实现整体财务平衡的基础上兼顾一定的收益目标。

二、开发性保险与政策性保险、商业性保险的关系

人们对政策性保险的概念和内涵已经形成一定共识，本书首次提出开发性保险的说法，则需要厘清开发性保险与政策性保险的关系。虽然没有关于开发性保险与政策性保险两者关系

的研究，但现有文献对开发性金融与政策性金融的关系曾有过讨论。有文献认为开发性金融是政策性金融的深化和发展[①]，它的作用介于政府和市场之间，即介于政策性金融和商业性金融之间。另外的观点与此不同，有学者认为开发性金融只是专注于基础设施等领域的政策性金融，在中国，开发性金融机构是指国家开发银行。此外，还有学者根据是否注重经营绩效来区分政策性金融和开发性金融，认为政策性金融机构不注重经营绩效，资金使用较为粗放，后来逐渐重视提升经营绩效，市场业绩改善后即进入了开发性金融阶段。[②] 不过，这一说法也值得商榷，从西方发达国家近百年的发展情况看，各种类型的政策性金融机构从 19 世纪初期开始注重提升经营绩效，无论是在发达国家还是在发展中国家，这类金融机构都获得了很大的发展。

本书认同上述第一种观点，即针对保险领域来说，开发性保险是政策性保险的深化和发展，其作用介于政府和市场之间，即介于政策性保险和商业性保险之间，或者说，其兼具政策性保险和商业性保险的功能。

从政府与市场所起作用的角度出发，传统的保险体系是由市场因素起决定作用的商业性保险体系和由政府因素起决定作用的政策性保险体系共同组成的静态体系。在不同国家与地

---

① 陈元. 发挥开发性金融作用 促进中国经济社会可持续发展 [J]. 管理世界，2004（7）：1-5，21.

② 罗云开. 政策性金融与开发性金融若干问题研究 [J]. 国际经济合作，2018（9）：21-24.

区、不同社会发展阶段，政府战略意图和政策目标不同，商业性保险体系和政策性保险体系既相互区别又相互联系。在传统意义的保险制度框架内，政府主导的政策性保险，主要发挥"准财政"功能，确保充足的资金保障政府政策目标的实现。同时，在出现信息不对称、负外部性、垄断等市场失灵问题的保险领域，以政策性保险手段予以解决。市场主导的商业性保险，则主要发挥"市场调节"功能，确保风险资金在高风险部门与低风险部门之间更有效地流动，在市场运转良好或"政府失灵"明显的领域，则全部交由市场运作。随着一个国家或地区市场机制的逐步健全，原先只能由政策性保险发挥作用的业务领域，可能会被更具趋利性的商业性保险取代，转而主要由市场发挥主导作用，这时两种保险的界限发生位移。也就是说，在一国经济发展过程中，政策性保险和商业性保险在业务范围、职能定位、立法监管等方面的界限被不断打破，呈现出一定的"动态调整"特征。

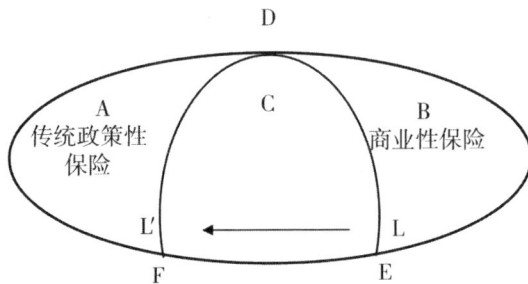

图 5-1　传统政策性保险与商业性保险

如图 5-1 所示，A+C 区域表示"传统政策性保险"，我们可以认为其应由政府因素主导；B 区域表示传统商业性保险，我们可以认为其应由市场因素主导。"传统政策性保险"与"传统商业性保险"共同构成"传统保险体系"，两个区域的界限为 L。随着经济发展水平不断提高，市场设施建设越来越完善、市场机制越来越健全，原先在政策性保险定义域内的 C 区域，可能逐渐脱离政策性属性而转变为商业性保险的一个子区域，即此时 B+C 区域构成"传统商业性保险"，A 区域仍然属于"传统政策性保险"。相应地，两个区域的界限向左移动变成 L′。

从动态调整过程来看，政策性保险让位于商业性保险需要开发性保险参与。传统的政策性保险领域中，有的领域往往是政府出于安全或其他政策性考虑而暂时禁止其市场化；另一些领域则是由于市场主体缺失或制度、信用等市场设施不够完善而暂时不具备市场化条件。作为一个全新概念，开发性保险可以用资源建设和再保险作为杠杆，通过对制度、信用、风险评估等市场设施的主动建设和充分利用，在传统的政策性保险领域大力进行市场主体培育，拓宽商业性保险的适用边界。

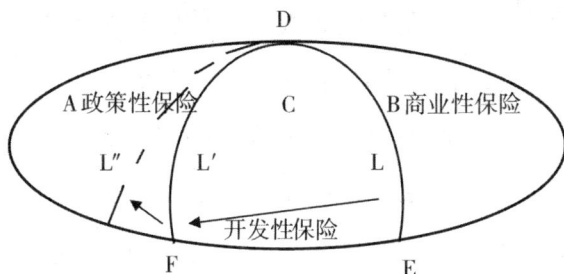

图 5-2　开发性保险与政策性保险、商业性保险

上述分析可以用图 5-2 表示。① 运用开发性保险工具主动推动市场设施建设，等市场条件成熟后，政策性保险与商业性保险的边界 L′ 将进一步向左移动到 L″，传统政策性保险领域逐渐减少，商业性保险领域逐渐扩大，导致两类业务进一步交叉，业务边界进一步模糊化。显然，现代保险体系应该是这样一种共同体，它是由政策性保险、开发性保险和商业性保险共同组成的多元体系，政府因素与市场因素在其中既相互独立又相互影响、相互融合，在综合平衡中协调发展。

综上所述，本书提出的开发性保险是与现代市场经济体制动态耦合的保险制度安排，它以"市场增进"为核心理念和主要目标，在实践中，开发性保险是传统政策性保险的演进与深化，采用的市场化运作模式也与传统商业性保险相近，然而在本质上，却是与传统政策性保险和传统商业性保险存在根本区

① 李楠，张璞. 开发性金融理论研究——基于市场增进与最优制度安排的动态一致性［M］. 金融教学与研究，2015（4）.

别的独立保险形态。在职能属性上，传统政策性保险主要发挥"准财政"功能，着眼于国家战略和社会效益，不追求自身业绩最大化；传统商业性保险则主要发挥"市场调节"功能，以盈利为主要目标，力求实现股东收益最大化；而开发性保险作为一种保险制度与方法的创新，既坚持以政策性方式服务国家战略，又注重市场培育与整体财务可持续，主要发挥的是"市场增进"功能。也就是说，开发性保险的运行更多的是在"市场蓝海"里补短板，培育支持国家重点和热点领域的市场建设，是发展的产物，强烈的目标导向是它的重要特点。

具体到海外投资保险领域，由于尚未对商业性保险机构放开市场，则需将海外投资保险业务划分为两种类型：政策性保险业务和开发性保险业务，分开立账，分开核算。政策性保险业务的主要对象是在部分政治风险高发国别或对我国具有重要战略意义国家的投资项目，一旦出险则损失巨大的涉及国家政治、经济、外交等重大利益的行业或大型项目，这类保险业务体现出明显的政策性特征，不以盈利为目的；开发性保险业务主要指一般的政治风险保险，在风险较小的东道国（地区）或行业的投资项目，同样是国家重点支持领域，但风险可控或出险后损失可控，这种项目的保险业务表现出更多的商业化特征，能够实现适当盈利，也是将来政策性保险机构可以率先退出的领域。

第二节 "一带一路"海外投资保险发展的 "中国模式"——基于市场增进理论

根据开发性保险的定义和内涵,开发性保险是在服务国家发展战略和培育市场的基础上,以市场运作为基本模式,以保本微利为经营原则,以海外投资项目为主要载体,避免重大政治风险,发挥引领带动作用,引导商业性保险机构共同支持各类海外投资项目发展。其关注的一个侧重点是对市场进行培育,在适当时机引入商业性机构,与商业性保险一起为海外投资项目构筑坚实的风险保障屏障。

一、以开发性保险为核心的海外投资保险"三位一体"模式探索

开发性保险的建设思路与目前已有的开发性金融发展相类似,开发性金融的成功实践提示我们,应当认真看待政府因素的作用。从开发性金融的发展过程看,它是探索中国金融改革与发展独特模式的典型例证,它并非单纯执行政府的行政命令,而是着重于制度建设,通过市场化经营模式在商业银行尚不能进入的地方创建市场平台。开发性金融是政府参与市场形成过程,既配合了国有商业银行改革,又以市场化方式缓解了

国内经济增长对长期资金的需求压力。同样，开发性保险制度也应注重政府培育市场，时机成熟时引入商业性保险机构，缓解"一带一路"对外投资项目对风险保障的资金需求压力。

开发性保险的核心是制度建设，本书所指的开发性保险制度建设，并不需要成立某类专门的开发性保险机构，而是在现有政策性保险机构所经营的业务范围中，有意识地选择具有开发性价值和可行性的业务，对这类业务的市场进行培育，政策性保险业务和开发性保险业务，分开立账，分开核算，以期在未来引入商业性保险机构参与经营。在"一带一路"建设的情境下，开发性保险运行模式的特征可以被描述为"政府选择东道国国家和项目—开发性保险培育市场—实现商业性保险参与"，其中，"开发性保险培育市场"最为关键。最初，投资项目主体的业务领域可能在起步阶段风险很高，商业性保险机构不愿进入，该项目主体完全依靠政府政策性保险机构提供风险保障，但在开发性保险模式的帮助下，随着政府扶持手段的培育和引导，项目主体业务领域的风险水平也会变得使商业性保险机构可承受，这时商业保险机构就会逐步进入该领域并发挥功能作用，相应地，原政策性保险机构逐步退出并进入其他需要其发挥功能作用的领域。也就是说，随着开发性保险对该领域的市场增进功能发挥，海外投资项目主体的风险逐步可控或逐步具备传统可保性，其在标准保险市场上的可接受水平大大提高，从此时起，开发性保险可以逐步退出。

二、对"一带一路"对外投资项目开发性保险制度若干问题的讨论

在"一带一路"对外投资项目的开发性保险制度建设中，涉及若干问题需要进行进一步讨论，包括开发性保险支持对外投资的大企业还是中小企业、支持盈利性强还是弱的行业投资、如何与商业性保险公司合作、是否将所有项目对商业性保险公司开放、如何与商业性保险公司进行再保险安排等问题，下面分别进行讨论。

（一）开发性保险应支持海外投资的大企业还是中小企业

如前所述，本书所提出的开发性保险仍然依托现有政策性保险机构中国出口信用保险公司进行经营，目前，中国信保海外投资保险业务主要支持的是大企业及其项目，如中亚天然气管道项目、老挝南欧江流域梯级水电站项目等。这一局面在美国的政策性保险机构 OPIC 同样存在，美国小企业对外投资所获得 OPIC 保险支持的项目数和金额都只有较小的比例。通常来说，OPIC 首先要评估能最好地促进东道国发展的投资者类型，并且产生符合美国公众利益的政治和经济外部效应，才会支持那种类型的投资者。显然，大型公司在这方面更具备优势。因此，美国 OPIC 制度的支持者认为，尽管考虑如何把中小企业包含在 OPIC 的业务中非常重要，然而本质上没有理由可以批评 OPIC 对大企业的支持，建立政策性海外投资保险制度（OPIC）仅是政府支出的很小部分，不会过分影响福利公平性。

对我国"一带一路"对外投资项目的开发性保险制度建设而言，其经营载体中国信保公司应该提高业务中关于中小企业对外投资项目的比例。当然，中小企业项目规模小、缺乏足够的资产和信用，其投资项目的不可控性和出险概率均相对较高，对中小企业项目的保险确实存在困难。然而正是因为中小企业在传统保险市场上面对自然选择时会处于劣势，此时开发性制度安排显得更为重要，有必要以法规或行业规章形式保证中小企业的项目占到一定比例，在风险控制、项目选择等方面培育这一市场的传统可保性。这是因为，长期来看，"一带一路"建设的可持续性需要大量社会资本的进入和支持，近年来中小企业对东道国的踊跃投资是共建"一带一路"健康持续发展的有力支持，对我国经济社会发展也能起到重要的反哺作用。此外，如果大量中小企业投资项目投保海外投资保险，符合保险的大数法则原理，可以更好地培育该险种市场的传统可保性。因此，不宜简单比较大企业和中小企业的短期风险和短期经济效益。

（二）开发性保险在培育市场过程中是否会与商业性保险机构产生竞争

目前，中国的海外投资保险业务均由具有国家背景的中国信保公司承保，尚未向商业性保险机构放开该市场。然而，中国信保公司承担的开发性保险任务培育市场的目的就是为了便于将海外投资保险市场对商业性保险机构开放，到那时，中国信保是否会在业务经营中与商业保险机构产生竞争？

这一点在美国海外投资保险市场上已经有过争论。如前所述，目前美国已经有了强大的政治风险私营保险机构，有观点认为，具有美国政府背景的 OPIC 可能以更优惠的条件和商业性保险机构（主要为私营机构）竞争，不利于市场发展，即便是有所盈利也不会有益于 GDP 提高和社会公平性。在此压力下，OPIC 提出要和商业性保险机构进行最大化合作和最小竞争，提出要在 OPIC 发展宗旨和为私营部门提供尽可能多的服务之间保持平衡。这种平衡主要体现在对"边缘投资项目"的承保上，所谓边缘投资项目是指，海外投资企业为某投资项目购买海外投资保险时，认为无法以适当条件从商业性保险机构处获取所需服务，只能转而向 OPIC 投保，这样该投资项目才能继续下去。此时，OPIC 可以按海外投资企业的要求保障该项目。2001 年后，OPIC 规定对商业性保险机构完全公开所有提交给 OPIC 的新投资项目，并且，OPIC 会给潜在投保企业提供与商业性保险机构接触的机会和信息，并要求这些企业要从商业性保险市场取得至少 50％的保险保障。如果潜在投保企业没有达到这一要求，需要解释其为什么不能接受商业性保险机构提供的保险条款和费率，之后 OPIC 才会考虑为其提供保障，以此表明其不与商业性保险机构竞争的态度。这样，对此类"边缘投资项目"，OPIC 通过上述培育市场的方法实现了带动商业性保险机构共赢的可能性。

我们认为，美国 OPIC 避免抢夺商业性保险机构业务的上述措施也可能会给 OPIC 的经营带来潜在风险。一个可能的后果是，商业性保险机构将有机会和动力将低质量（高风险）项目剔除出来，只承保所有高质量（低风险）项目，导致来到OPIC面前的基本都是具有高风险保险责任的投资项目，即出现道德风险和逆选择现象。如果一个具有政府背景的保险机构只能接受最劣质的业务或者说最容易出险的客户，则必然在资金上需要财政长期兜底，这种状况将招致公众或舆论批评。

因此，开发性保险如何与商业性保险进行竞争与合作，这将是一个两难问题。解决这一问题的基本思路是，在业务上有所划分，避免正面竞争。开发性保险培育市场后，有些低风险、经济收益较好的海外投资保险业务可以由商业性保险机构承保；海外投资企业无法从商业性保险机构获得保障服务的那部分高风险业务，可由开发性保险承接过来，并与商业性保险机构合作进行再保险安排，即将一部分风险分保给商业保险机构，双方实现一定风险分担可以部分缓解业务竞争的矛盾，并分享可能实现的利益。通过再保险安排，开发性保险机构可以灵活调整其资产结构，开展更多业务。

（三）开发性保险是否应制订相应的东道国、行业及项目目录

如前文分析，为避免海外投资保险市场的市场失灵和政府失灵，充分发挥政策性保险机构与商业性保险机构在"一带一路"建设中的作用，我们提出开发性保险的概念。总体设想是，开发性保险业务的经营机构仍然是具有政府背景的中国信保公司，只是将其现有的海外投资保险业务划分为两种类型：

政策性保险业务和开发性保险业务。政策性保险业务主要保障的是那些在具有较高政治风险东道国或地区投资的项目、风险较高的行业项目、风险较难识别的中长期投资项目、风险难以控制的各类企业（无论大型企业还是中小型企业）海外投资项目等，这类保险业务由于风险高，难以吸引商业性保险机构的进入，故而体现出明显的政策性保险特征，不以盈利为目的，而以实现国家战略目标为宗旨。开发性保险业务则主要指暂时还未能由商业性保险机构承保但存在市场化潜力的保险业务，其主要保障的是那些在营商环境较好的东道国或地区投资的项目、低风险行业或企业海外投资项目、短期海外投资项目等，这类项目的融资和保险均体现出更多的商业特征，经济效益较好，至少能获得保本微利，也是以后开发性保险率先退出的领域。因此，开发性保险可根据中国信保多年承保经验编制相应的东道国、行业与企业目录参考，目录中的国家、行业或企业海外投资项目保险业务与政策性保险业务分开核算。

（四）开发性保险应侧重开发中长期业务还是短期业务

从投资期限来看，海外投资项目既有中长期融资项目也有短期融资项目。中长期项目通常是融资期限在两年以上的项目，例如，"一带一路"相关国际枢纽港、航运港口网络、航运船舶建造、航运造船基地以及沿线港口等基础设施项目，这类项目具有建设融资期限长、风险和收益大、投保金额和保费高等特征；短期项目是融资期限在两年以内的项目，这类业务多数是针对贸易、项目合作等的短期交易，与中长期项目相比，短期项目的保费和保额相对较低，风险和收益也相应较小。从开发性保险的视角来看，无论是中长期项目还是短期项目，都有能够盈利的潜在市场机会，能够在将来引入商业性保险机构为其提供风险保障。例如，在政治风险小、营商环境好的东道国投资的中长期项目或短期项目，国别风险可控，总体出险概率低、项目运营稳定，只要遵循规范的工程建设标准就能实现预期建设目标，这些项目都可以进入开发性保险的承保范围。

（五）引入商业机构后开发性机构是否应退出或是否会出现无序竞争

值得注意的是，关于放开一部分海外投资保险业务，可能出现两种观点。一种观点是，允许商业性保险机构进入该领域之后，是否会形成无序竞争？事实上，即使放开一部分海外投资保险业务，由于存在资本金实力、追偿能力、资信调查能力等多方面的约束，企业对是否参与此市场的决策会慎之又慎，并不会出现众多中小保险企业同时并存的原子型市场竞争结构，很可能仅仅是几家保险公司参与竞争，即通过市场机制自然形成寡头垄断市场结构。根据芝加哥学派和新奥地利学派观点，只要不依赖行政干预，不存在特别的进出市场成本，潜在的竞争压力就会迫使任何市场结构条件下（包括寡头垄断市场或独家垄断市场）的企业采取竞争行为，即使最终形成垄断企业，该企业实际上是生存下来的最有效率的企业。在这种环境条件下，高度集中的市场结构是可以和效率并存的，无需众多竞争企业的存在。①

　　另一种观点或许认为，在海外投资保险领域的盈利性得到改善的情形下，承担开发性保险任务的中国信保不必从该领域退出来，应继续在该领域深耕，或者收取更高一些的保费，借此改善自身的盈利水平，提高股东（也就是政府）的资本回报率。这种观点其实是不对的。海外投资领域开发性保险的提出，主要是为了扶持该领域的发展而不是为了谋利，其最终去向是逐渐放开市场，引入更多资本共同为海外投资项目的政治风险等提供保障。起初，具有政府背景的保险机构在盈亏基本平衡的目标下经营，甚至往往有亏损的可能，随着该领域的盈利性获得改善，需要政府扶持的力度必然将逐渐减弱，承担开发性保险任务的政策性保险机构在获得稳定盈利的一段时期后，就应引入商业性保险机构参与经营，自身减少业务规模甚至完全退出该领域。

第三节　核心—边缘理论与对外投资项目开发性保险
业务战略布局

　　在"一带一路"建设背景下，开发性保险需要培育的市场

---

　　①　王雅婷．我国出口信用保险业市场化问题探讨：一个产业组织的视角［J］．金融与经济，2009（10）：59-62.

领域首先需要选择适合条件的东道国。根据核心—边缘理论，肩负开发性保险任务的中国信保公司应通过与"一带一路"沿线区域有影响力的核心支点国家进行战略合作，并借助核心支点国家对其他各方产生积极的模式示范引导与复制推广效应，从而能够达到在风险与成本可控范围内，实现开发性保险业务战略布局和顺利经营的预期效果。

一、开发性保险战略支点国家选择的基本机制

需要说明的是，本书所指的开发性保险战略支点国家不是从政治外交视角而言的战略支点，而是从开发性保险培育市场的角度结合多种维度选择的国家。单纯从政治、外交、共建"一带一路"的角度选择支点国家，往往是从经济增长稳定、产业结构与我国区域贸易布局有互补延伸作用的国家加以探索；而对于"一带一路"对外投资项目开发性保险战略支点国家的选择上，当前全球贸易价值链正处于重塑阶段，既要考虑东道国的区域地理位置、政府政策稳定性、人口与经济体量、金融开放程度等总量指标，也要考虑与我国的经贸往来、金融互联互通特征等，对战略支点国家与我国在上述层面经贸合作的"便利性"与"有效性"加以衡量。

一方面，"便利性"主要体现在东道国发挥自身区位优势，吸引中国对外直接投资资金和跨境资本的流入上，因此，战略支点国家的区位优势既应包含传统的东道国区位优势特征，也需要考虑包含双边政治关系、自由贸易程度与资本流动等要

素，具体则体现在该东道国吸引别国投资的营商环境好坏上，反映投资项目政治相关风险的高低。另一方面，"有效性"则主要体现在我国与战略支点国家合作的投资效益水平的最大化程度上，这进一步取决于东道国资本配置能力和金融生态环境的制约，具体表现在中国对该东道国直接投资的流量和存量规模上，反映为投向该国的投资项目提供风险保障能否符合大数法则条件。事实上，我国金融保险机构在"一带一路"布局中实现资本高效配置和市场的深度融合，必然会受到沿线国家地区的资本市场制度、信用体系、中介服务与信贷水平等方面的约束，这些因素共同组成了金融保险生态。

因此，结合我国现有对外直接投资对于"一带一路"沿线区域建设的"便利性"与"有效性"判断，能够明确我国在沿线不同国家的资金运用和投资贸易情况，结合地理位置、地缘政治等因素，可以筛选出最优支点国家、次优支点国家、其他合作模式国家的对应列表，通过支点国家的选择机制，从而使开发性保险在为"一带一路"对外投资建设提供风险保障、培育市场逐渐引入商业性保险方面更具有梯次性和适应性。

二、海外投资项目开发性保险在"一带一路"沿线的支点国家选择

在分析"一带一路"沿线金融生态环境基础上，为了选择支点国家，以提高开发性保险业务布局效率，本书将世界银行对各国营商环境体系评分与中国在东道国对外直接投资

（OFDI）流量及存量规模作为选择支点国家的基本标准[1]，可以筛选出基于不同业务特征下开发性保险在"一带一路"沿线可以重点培育市场的潜在支点国家。

世界银行对各国营商环境体系评分指标包括十项与企业投资密切相关的指标，包括创业、办理施工许可证、获得电力、注册财产、获得信贷、保护中小投资者、纳税、跨境贸易、执行合同和解决破产问题，这十项指标较为实际地体现了各国项目建设环境和金融市场政策环境状况，可以用来衡量其政策便利程度和政治风险水平。

中国对东道国直接投资包括流量和存量两个维度，从这两个维度出发判断中国对东道国的直接投资水平，能够兼顾中国与该国的最新贸易水平以及历史水平，并间接体现两国的政治外交情况。

从对外直接投资总体情况和营商环境体系双维度来看，东南亚地区（新加坡、印度尼西亚、马来西亚、泰国）、中东（阿联酋）、东欧（俄罗斯）在营商环境体系中评分较高，并吸引了中国较多的对外直接投资流量，对外直接投资流量越充分，代表中国对东道国当地的投资合作关系越紧密，同时，这些国家的中国直接投资存量也较高，可体现我国对"一带一路"沿线国家直接投资的主要经济活动在这些国家较为活跃，两国具有相对成熟的合作模式及较高的投资效率。从保险原理

---

[1] 数据来源：2020 年度中国对外直接投资统计公报、世界银行 2020 年全球营商环境报告。

的视角看，同一东道国的中国投资流量和存量规模越大，海外投资保险业务越能满足具有大量同质风险单位这一大数法则条件，营商环境评分越高，海外投资保险业务风险越低，该市场越能吸引商业性保险机构的进入。本书第六章第一节将以 2020 年数据为例，具体说明潜在的最优战略支点国家选择过程。

中国信保公司作为保险机构，天然是风险偏好相对较低的主体，其承担的开发性保险业务经营更是需要对海外投资业务风险和经营效率进行审慎区分。因此，如上分析，开发性保险应以沿线国家和地区营商环境综合情况和吸收我国投资情况能否高效率推进海外投资保险市场培育作为支点国家的选择标准，并建立保障前、保障中、保障后的全流程开发性保险体系。考虑到"一带一路"沿线国家与我国投资合作和营商环境存在较大差异性，我们认为应将开发性保险业务以支点国家作为第一顺序进行布局，将资源向支点国家集中，并凭借在支点国家经营开发性保险的经验，逐渐向其他国家推广，间接推动"一带一路"海外投资业务风险保障路径进一步畅通。

第四节　本章小结

正如市场增进理论所阐述的政府与市场可兼容的思想，中国 30 年的金融改革与发展实践一再表明，政府因素与其他市场因素一样，始终参与了金融市场化改革，政府因素不仅没有损害市场机制，反而在很大程度上弥补了市场缺陷，政府因素完全可以"内生化"于金融发展的实际过程之中。①

　　基于市场增进理论，本章首先提出了开发性保险的定义和内涵，并分析了开发性保险与政策性保险、商业性保险的关系。认为开发性保险是政策性保险的深化和发展，其功能介于政策性保险与商业性保险之间，以政府信用资源为后盾，以培育市场为目的，为放开市场进行商业化经营做准备。这是因为，政策性保险机构在资金上以政府财政作为后盾，在组织决策上以政府指令或战略倾向为决策依据，在业务经营上有政府的若干保护政策，这不可避免会出现上文所述若干政府失灵现象。但是如果直接放开对外投资市场的保险领域经营，商业性保险机构自由化经营则可能带来若干市场失灵问题。因此，在一些具有重要战略意义的保险领域讨论政策性保险与商业性保险的功能边界是必要的。我们认识到政策性保险的经营领域不是一成不变的，可以根据国家产业战略目标、市场成熟度等情况进行适时动态调整，在市场增进到一定程度时考虑政府退出，而这部分可能在将来市场化的经营领域即可由开发性保险机制发挥作用。总之，政策性保险发挥作用的区域主要是对市场机制的补充和市场缺陷的矫正，主要在市场机制难以发挥作用但具有重要社会效益的领域发挥作用。同时，某些领域可能处于产业起步阶段，经济效益较低、风险较高，商业性保险不

---

① 张杰，谢晓雪. 政府的市场增进功能与金融发展的"中国模式"[J]. 金融研究，2008（11）：171-180.

愿进入，此时若开发性保险等其他政府扶持手段进行培育和引导，这些领域会逐步变得有经济效益，而且风险程度也会降低到商业性市场主体可承受的水平，这时商业保险就会逐步进入该领域并发挥功能作用，相应地，开发性保险在政府的引导下逐步退出，转而进入其他需要其发挥功能作用的领域。也就是说，传统政策性保险的功能区域有收缩也会有扩展，应该根据国家的产业战略发展方向、市场机制的成熟完善和国家财力情况等因素的变化而进行适时、适当的动态调整，并非是一成不变的①，而传统政策性保险收缩的领域即为开发性保险可以有所作为之处。

其次，提出海外投资保险领域由政策性保险、开发性保险、商业性保险共同配置保险资源的"三位一体"模式。由具有财政背景的政策性保险机构中国出口信用保险公司承担政策性保险和开发性保险业务，两种业务分开立账，分开核算。政策性保险保障那些具有重大政治风险、潜在损失巨大、难以市场化经营的海外投资项目，开发性保险则负责那些一开始商业保险机构难以参与但政治风险较小、潜在损失较低的东道国项目，当市场较为稳定并实现盈利后可以引入商业性保险机构参与经营的项目，届时开发性保险逐步退出市场，将资源继续用于其他开发性保险项目；商业性保险机构则可以通过分保或共保的形式参与项目的政治风险保障，待市场放开后以原保险人

---

① 王国军，王德宝. 我国海外投资保险制度优化研究：基于政治风险防控的视角［J］. 金融与经济，2016（6）：77-82.

的身份经营海外投资保险。这部分进一步讨论了开发性保险制度建设中涉及的若干问题，包括开发性保险支持对外投资的大企业还是中小企业、支持盈利性强还是弱的行业投资、如何与商业性保险公司合作、是否将所有项目对商业性保险公司公开、如何与商业性保险公司进行再保险安排等。

最后，以核心—边缘理论作为选择开发性保险战略支点东道国的理论基础，根据对外直接投资总体情况和营商环境体系双维度指标筛选出开发性保险首先发力的最优支点国家、次优支点国家等，通过支点国家的选择机制，使开发性保险在为"一带一路"对外投资建设提供风险保障、培育市场逐渐引入商业性保险方面更具有梯次性和适应性。在"一带一路"建设背景下，开发性保险运行模式的特征可以概括为"政府选择东道国国家和项目—开发性保险培育市场—实现商业性保险参与"，弥补了现阶段市场有效整合金融资源的缺陷，创新连接政府与市场的保险制度安排，走出一条中国特色的海外投资保险发展道路。

第六章

"一带一路"对外投资项目开发性保险体系建设

　　随着共建"一带一路"倡议的持续推进,中国海外投资一直处于上升期,即使遭遇全球疫情,这一增长趋势仍将在疫情过后继续,中国正由产品输出大国向资本输出大国转变。当前,全球政治风险持续上升,世界经济在全球疫情、区域战争、局部经济制裁等多方面因素影响下,复苏进程显著放缓,海外投资面临多方面的风险,维护中国海外投资利益、防范化解重大风险,不仅关系企业利益,更加关系国家战略利益。2017年,中国与26个国家共同发布《"一带一路"融资指导原则》,指导原则以"平等参与、利益共享、风险分担"为宗旨,推动建设长期、稳定、可持续、风险可控的多元化融资体系。在此基础上,"十四五"规划提出应积极促进各参与国政府间加强政策协调和政策支持,充分发挥市场力量,动员多渠道资金,通过推动金融创新和密切金融监管合作,为"一带一路"建设提供高效的金融服务保障。

　　海外投资保险作为"一带一路"建设金融服务保障的重要

一环，推动创新、完善市场环境，对于中国对外投资项目防范东道国国家风险、推进"一带一路"建设具有十分重要的意义。本章以创新性的开发性保险业务经营要求为引领，从培育和完善海外投资保险市场的角度出发，建立健全有效工作机制，建立"一带一路"海外投资开发性保险业务在保障前、保障中、保障后的全流程保险方案体系及其配套措施，即从"保前"识别及选择风险、"保中"控制风险、"保后"评价及反馈这三个层面建立国家、保险机构和企业多方参与的全过程、多维度、深层次的风险防控机制，对接国家战略，把开发性保险机制作为一项制度性安排纳入国家"一带一路"建设的总体布局之中。

第一节　"保前"识别及选择风险

开发性保险机制要发挥作用，应该先行立法立规，并衔接双边投资保护协定，从制度上提供海外投资保险中开发性保险机制的保障。在此基础上，根据营商环境和投资交易规模选择开发性保险所支持的国家和行业，并从项目风险类别和期限维度拓宽开发性保险业务承保范围，增大开发性保险保障力度。

一、制定专门性法律规范，衔接双边投资保护协定

中国海外投资保险作为国家对外战略投资项目的重要风险

保障机制，业务复杂、风险大、国际影响面大，却至今没有针对这一领域的专门性立法。海外投资保险制度要发挥好其作用，需要利用国际法与国内法双重保障，把两者功能结合起来。如今，"一带一路"倡议已提出超过十年，我们应立足"一带一路"沿线实际需求，尽快制定海外投资保险领域的专门性立法，为海外投资保险市场的发展提供规范与指引。同时，尽可能与更多国家签订双边投资保护协定，并实现我国海外投资保险制度与双边投资保护协定的有效衔接，用好用足国际投资保险额度，保护投资者的合法权益，为开发性保险业务降低承保风险提供有力后盾。这本身就是"一带一路"合作重点"五通"中的"贸易畅通"目标。

（一）健全海外投资保险立法规范

考虑到海外投资保险的特殊性，很难依据国内规范商业保险机构的法律《中华人民共和国保险法》进行业务指导和规范，目前，我国规范海外投资保险的唯一部门规章是《关于建立境外投资重点项目风险保障机制有关问题的通知》，难以满足保险机构处理复杂国际关系的要求。因此，应考虑制定调整海外投资保险主体间权利义务关系的专门性法律规范，为保险机构经办海外投资保险业务提供法律依据，为保护海外投资相关当事人合法利益提供法律武器，为加强对海外投资保险的监管提供科学合理的规范与标准。依据我国现行立法体制，可由全国人大常委会制定专门的《海外投资保险法》，或制定《海外投资法》并把海外投资保险作为其单独章节加以规定。不过，全国人大立法位阶较高，法律往往只能作原则性规定，而海外投资保险领域具有较强的实践性，需要对各市场主体间权利义务关系和相关程序进行详细规定，为市场参与者作出明确指引，并对政策性保险和开发性保险进行相关界定。因此，结合海外投资保险市场的发展阶段，现阶段可由国务院制定操作性较强的《海外投资保险条例》，与《境外投资管理办法》配套实施，当运行比较成熟后，可再升级为海外投资保险立法。

（二）提升双边投资保护协定（BIT）的数量和质量，实现海外投资保险与 BIT 的有效衔接

当前，中国和很多国家的经贸合作水平较高，经贸投资方面的磋商机制较为成熟，但风险保障领域的双边机制（如双边投资保护协定）却仍显不足，与经贸合作水平不相适应。我国与东道国签订双边投资保护协定是海外投资得以顺利进行的重要保障，可以极大促进对外直接投资，甚至签订协定本身可以在一定程度上取代东道国的政治风险。从国际上看，很多发展中国家往往把双边投资保护协定当作一个吸引外资的政策，即如果跨国投资公司来本国投资，本国会给这些企业提供保护和保证。我国"一带一路"对外投资集中于发展中国家，积极同这些国家签订双边投资保护协定，对于双方合作的顺利推进有着重要意义。另外，与资本输出国都是发达国家而资本输入国都是发展中国家的年代相比，如今的投资关系双向化明显，呈现不同发展水平的国家相互之间进行投资的多元化特征，例如，我国已从以往的吸收外资大国转变为双向投资接近平衡的

双重身份大国，这就从客观上要求应为投资者和东道国做出与以往不同的权利义务安排。

第三章第四节分析了我国海外投资保险发展中存在的问题，提到在"一带一路"框架下，还有近三分之一的沿线国家未与我国签订BIT，已签署BIT的国家仍有部分未约定代位求偿权。海外投资保险与BIT是促进海外投资不断发展的两大工具，而在BIT中约定代位求偿权则将两者联系起来，在政治风险发生后，保险机构向投标企业进行赔付后，会在BIT的保护下向东道国政府机构或企业发起代位求偿，以维护保险机构的合法利益。因此，我国应在完善海外投资保险立法的基础上，强化海外投资保险业务与BIT内容的相互衔接。

实现海外投资保险制度与双边投资保护协定（BIT）的有效衔接，具体包括以下五个层面的要求。第一，应加快与"一带一路"沿线更多国家签署BIT，并争取在其中约定代位求偿权条款。这样，在国际法层面上就对东道国形成了有效约束，出险后，中国信保对外索赔时就具有了法律依据。第二，把中国信保开展海外投资保险业务的"单边"模式改为"双边"模式，即把符合海外投资保险投保条件的东道国限定为与我国签订BIT并承认代位求偿权的国家，确保中国信保对东道国代位求偿的顺利实施。第三，我国海外投资保险制度应在合格投资者范围方面与BIT条约实现无缝衔接。中国信保海外投资保险现有的合格投资者条件是将自然人投资者及其他非法人投资者排除在合格投资者范围之外，而我国同沿线国家签订的BIT

规定合格投资者可以是经济组织或者我国公民，因此海外投资保险应将自然人投资者等纳入合格投资者范围，由此实现 BIT 与海外投资保险政策顺利对接，实现制度协同。第四，我国与"一带一路"沿线国家间签署的 BIT 没有承认商业性保险机构的代位求偿权，会降低商业性保险机构参与海外投资保险的积极性。在开发性保险经营理念下，需要政府在 BIT 到期或修订时扩大代位求偿权的主体范围，为商业性保险机构行使代位求偿权提供法律基础，为将来放开一部分市场做好准备。第五，BIT 文本涵盖风险有限，出现仲裁结果不确定性和越来越多例外条款，削弱了海外投资保险制度与 BIT 条约之间的协同效果，这些都应逐步研究完善。例如，在双边投资保护协定谈判中，关于投资保障的规定显得尤为重要，应考虑明确加入赔偿原因、赔偿范围和赔偿方式等内容，完善政治风险赔偿规定。

二、选择开发性保险在"一带一路"建设中的战略支点国家

依据前章对开发性保险战略支点国家选择机制的分析，适合开发性保险经营的地域应以营商生态环境较好、我国对其历史投资数量和质量较高的国家为支点，前期将资源向支点国家集中，凭借在支点国家经营开发性保险的经验，以点带面向其他国家拓展。

以 2020 年数据为例，我们将"一带一路"沿线国家和地区接受中国投资的流量情况和存量情况按照从高到低排序，并

标注营商环境得分及排名等级，筛选流量在 10 亿美元以上、存量在 50 亿美元以上、营商环境排名在前 20 名以内的国家，作为开发性保险的潜在最优战略支点国家。由表 5-1、表 5-2 可见，新加坡、马来西亚、阿联酋、泰国吸引的中国直接投资流量均在 10 亿美元以上（表 5-1），从中国直接投资存量看，这四个国家的中国直接投资存量均超过 80 亿美元，并且在世界银行"一带一路"沿线国家和地区的营商环境等级中均排在前 20 名以内。也就是说，中国对这些国家直接投资项目较多，项目面临的营商风险较小，更容易满足传统可保风险所要求的大数法则和稳健性条件，也就更可能吸引商业性保险机构进入该市场。因此，开发性保险业务可以优先从这些国家开发海外投资保险业务，培育海外投资保险市场，上述这些国家总体代表了开发性保险在"一带一路"沿线经营的潜在最优战略支点。

表 5-1 "一带一路"沿线国家（地区）营商环境与接受中国投资（流量）情况（2020 年）

国家（地区）	2020 年流量（单位：万美元）	营商环境得分	等级
爱沙尼亚	—	80.6	18
摩尔多瓦	—	74.4	48
黎巴嫩	—	54.3	143
新加坡*	592335	86.2	2
印度尼西亚	219835	69.6	73
泰国	188288	80.1	20

续表

国家（地区）	2020年流量（单位：万美元）	营商环境得分	等级
越南	187575	69.8	70
阿拉伯联合酋长国	155195	80.9	16
波兰	142564	76.4	40
马来西亚*	137441	81.5	12
柬埔寨	95642	53.8	144
巴基斯坦*	94766	61.0	108
俄罗斯联邦*	57032	78.2	28
孟加拉国	45060	45.0	168
伊拉克	41458	44.7	172
土耳其	39126	76.8	33
沙特阿拉伯	39026	71.6	62
伊朗	33639	58.5	127
以色列	26710	76.7	35
吉尔吉斯斯坦	25246	67.8	80
印度*	20519	71.0	63
克罗地亚	15446	73.6	51
塞尔维亚	13931	75.7	44
菲律宾	13043	62.8	95
科威特	12221	67.4	83
斯里兰卡*	9817	61.8	99
卡塔尔	9467	68.7	77
阿曼	8710	70.0	68

续表

国家（地区）	2020 年流量（单位：万美元）	营商环境得分	等级
黑山	6725	73.8	50
捷克*	5279	76.3	41
尼泊尔	5226	63.2	94
格鲁吉亚	4136	83.7	7
东帝汶	3631	39.4	181
埃及	2743	60.1	114
乌克兰	2106	70.2	64
阿塞拜疆	1728	76.7	34
文莱	1658	70.1	66
罗马尼亚*	1310	73.3	55
波黑	858	65.4	90
蒙古*	832	67.8	81
拉脱维亚	564	80.3	19
阿富汗	254	44.1	173
亚美尼亚	153	74.5	47
保加利亚	57	72.0	61
叙利亚	49	42.0	176
立陶宛	33	81.6	11
斯洛伐克	20	75.6	45
巴林	19	76.0	43
阿尔巴尼亚	10	67.7	82
也门	−292	31.8	187

续表

国家（地区）	2020 年流量（单位：万美元）	营商环境得分	等级
北马其顿	-400	80.7	17
匈牙利	-415	73.4	52
白俄罗斯	-815	74.3	49
马尔代夫	-2142	53.3	147
乌兹别克斯坦	-3677	69.9	69
哈萨克斯坦*	-11529	79.6	25
约旦	-11951	69.0	75
斯洛文尼亚	-13294	76.5	37
塔吉克斯坦	-26402	61.3	106
合计	2253873		

"＊"表示该国家（地区）2020 年年末存量数据中包含对以往历史数据进行调整。

数据来源：2020 年度中国对外直接投资统计公报、世界银行 2020 年全球营商环境报告。

表 5-2　"一带一路"沿线国家（地区）营商环境与接受中国投资（存量）

情况（2020 年）

国家（地区）	2020 年存量（单位：万美元）	营商环境得分	等级
新加坡*	5985785	86.2	2
印度尼西亚	1793883	69.6	73
俄罗斯联邦*	1207089	78.2	28
马来西亚*	1021184	81.5	12
阿拉伯联合酋长国	928324	80.9	16
泰国	882555	80.1	21

续表

国家（地区）	2020 年存量（单位：万美元）	营商环境得分	等级
越南	857456	69.8	70
柬埔寨	703852	53.8	144
巴基斯坦*	621894	61.0	108
哈萨克斯坦*	586937	79.6	25
以色列	386913	76.7	35
伊朗	352724	58.5	127
乌兹别克斯坦	326464	69.9	69
蒙古*	323610	67.8	81
印度*	318331	71.0	63
沙特阿拉伯	293091	71.6	62
土耳其	215187	76.8	33
吉尔吉斯斯坦	176733	67.8	80
伊拉克	173789	44.7	172
孟加拉国	171058	45.0	168
塔吉克斯坦	156801	61.3	106
捷克*	119843	76.3	41
埃及	119172	60.1	114
科威特	84923	67.4	83
菲律宾	76713	62.8	95
格鲁吉亚	70167	83.7	7
波兰	68231	76.4	40
卡塔尔	61851	68.7	77

续表

国家（地区）	2020 年存量（单位：万美元）	营商环境得分	等级
白俄罗斯	60728	74.3	49
也门	54127	31.8	187
斯里兰卡*	52342	61.8	99
尼泊尔	43470	63.2	94
阿富汗	43284	44.1	173
文莱	38812	70.1	66
匈牙利	34187	73.4	52
罗马尼亚*	31316	73.3	55
塞尔维亚	31057	75.7	44
克罗地亚	25264	73.6	51
阿曼	23698	70	68
约旦	20372	69.0	75
乌克兰	19034	70.2	64
保加利亚	15584	72.0	61
黑山	15308	73.8	50
东帝汶	12918	39.4	181
斯洛伐克	8287	75.6	45
巴林	7094	76.0	43
斯洛文尼亚	4680	76.5	37
马尔代夫	4398	53.3	147
阿塞拜疆	2506	76.7	34
波黑	2286	65.4	90

续表

国家（地区）	2020 年存量（单位：万美元）	营商环境得分	等级
北马其顿	1710	80.7	17
拉脱维亚	1681	80.3	19
叙利亚	1406	42.0	176
亚美尼亚	1225	74.5	47
立陶宛	1223	81.6	11
阿尔巴尼亚	600	67.7	82
爱沙尼亚	532	80.6	18
摩尔多瓦	387	74.4	48
黎巴嫩	222	54.3	143
合计	20078989		

"＊"表示该国家（地区）2020 年年末存量数据中包含对以往历史数据进行调整。未排名的国家有：巴勒斯坦、老挝、缅甸、土库曼斯坦。

数据来源：2020 年度中国对外直接投资统计公报、世界银行 2020 年全球营商环境报告。

三、多维度拓宽开发性保险的海外投资项目承保范围

开发性保险业务主要保障那些在营商环境较好的东道国或地区投资的项目、投资于低风险行业或企业的投资项目、短期海外投资项目等，这类项目的融资和保险均体现出更多的商业性特征，经济效益较好，至少能获得保本微利，也是以后开发性保险率先退出的领域。因此，开发性保险的顺利推进，除了对战略支点东道国的选择，还应从优先支持的行业、企业和项目类型、项目风险类别、项目期限等方面多维度拓宽项目承保

范围，及时设立多样化、针对性强的险种，努力拓宽海外投资保险业务边界，发现更多市场机会。

（一）从行业维度拓宽开发性保险承保范围

在行业选择方面，应关注我国产业结构优化战略导向和"一带一路"沿线国家和地区建设需求，着眼国家的长期利益和战略目标，强调对国际重要战略市场的开发。[①] 这类行业的政治风险往往较小，并能获得我国和东道国政府的有力支持。目前，从项目建设的行业大环境看，有三大类行业我国参与程度较高、环境也更为有利，可以考虑作为开发性保险优先支持的行业。首先是交通运输基础设施建设领域。我国在贸易摩擦环境下，正在通过自贸区和"一带一路"沿线对外投资进行产业链区域优化迁移，这给交通运输类基础设施项目带来较大空间。特别是结合我国企业在公路、铁路、港口保有量持续增长的优势，在相关项目的竞标和运营方面经验更为成熟，建议关注交通运输类基础设施项目建设的风险保障机会。其次是能源等新兴产业领域。目前"一带一路"沿线国家和地区在可再生能源方面项目需求和社会资本参与度均较高，已经成为"一带一路"沿线各国 PPP 模式合作的主要示范案例，建议关注光伏等项目风险保障机会。最后是移动互联行业领域。对于"一带一路"沿线较为发达的国家（如新加坡）和商业模式较为活跃的国家（如泰国），建议关注电信、移动互联设备、移动

---

① 专访中国信保董事长王毅：力保"一带一路"究竟难在哪？［EB/OL］. 新华网，2016-04-27.

支付等设备需要更新换代领域的相关风险保障机会。总之，开发性保险机制有利于促进"一带一路"沿线国家和地区加强在新一代信息技术、生物、新能源、新材料等新兴产业领域的深入合作，有利于实现"一带一路"贸易畅通的目标。

（二）从企业和项目类型维度拓宽开发性保险承保范围

在企业和项目选择方面，建议开发性保险以风险水平为主要因素考察企业及其投资项目，不局限于大型企业的项目。不可否认，大型企业风险管理能力更强、资金更为雄厚，但有些中小型企业海外投资项目投资周期相对较短，金额不大，即使遭受了政治风险等，保险机构的损失也不会太大。此外，大型企业和中小型企业自身发展需求不同，对海外投资保险产品及服务的诉求必然有所差异。保险公司需要准确识别并有效满足不同诉求，在产品、资讯、承保、理赔、追偿、风险管理、融资协同等方面进行探索创新，为不同性质和规模的企业客户提供差异化、全方位支持或综合性解决方案，才能提供侧重点不同的高质量服务。作为开发性保险，可在实践中增加对中小型企业投资者海外项目的承保比例，增设中小型企业投资创新险种和更为优惠的保险费率，在给予中小型企业投资者充分保护的同时，培育短期海外投资项目保险市场。此外，在项目投保联动方面，开发性保险承保端具有拓展海外项目风险管理业务的空间，可以深化和细化与商业性保险机构的合作机制，在海外投资保险重点覆盖项目中，由商业性保险机构提供包括人身险、财产险等一系列传统的保险服务和再保险服务。

（三）从项目风险类别维度拓宽开发性保险承保范围

从项目风险类别看，中国对"一带一路"沿线国家和地区的投资面临更加复杂多样化的风险，开发性保险机制理应拓宽项目承保责任范围，从无到有培育相关市场。

首先，很多项目面临环境责任风险。随着环境污染加剧等问题越来越凸显，许多国家逐渐对中国企业投资项目提高环境保护标准，导致很多项目被撤销或者被搁置延期，给我国企业造成巨大损失。开发或拓展海外投资保险中的环境污染责任，可以为海外直接投资企业对接国际社会创造机会。尤其是近年来，中国海外直接投资环保政策从主要涉及采矿、木材、建筑等高污染行业扩大到金融、信息、技术等低污染行业；从主要针对自然资源和环境保护敏感的发展中国家扩大到环保标准严格、资源利用受限的发达国家（如新加坡）；从政府层面进行约束管理延伸到开始从企业层面加强环保意识；等等。中国海外投资的环境管理意识不断增强，客观上要求海外投资保险建立配套保障机制，形成更加安全的海外投资环境，保障投资项目的顺利进行，避免中国企业在投资过程中遭受这类"绿色壁垒"损失。

其次，政府违约险的代位求偿往往存在事实上的困难，容易形成拖延和推诿，这些风险需要进一步精细化保障。中国信保开设的政府违约保险业务，是直面国际日益复杂风险挑战的举措，然而，这类险种出险时，保险机构向投保企业支付了政府违约险的保险金后，向东道国政府代位追偿时往往不太顺利。因此，若要切实保障中国信保顺利向东道国政府索赔，必须加强政府违约险的相关界定和程序要求。在这方面，世界银行集团的多边投资担保机构做法值得借鉴。多边投资担保机构规定，除一般规定外，出现以下情况之一的，也构成政府违约：1. 被保险人无法求助于司法或仲裁机关作出裁决；2. 该司法或仲裁机关未能在所规定的合理期限内作出裁决；3. 虽有这样的裁决但未能执行。中国信保可以借鉴多边投资担保机构的做法，将这些情况也纳入政府违约险的出险范围，便于代位求偿权的顺利实施。

需要注意的是，有些风险大的政府违约情况只能作为政策性保险承保范围，不宜作为开发性保险承保范围。例如，政府违约险对政府违约的规定是"东道国政府或经保险人认可的其他主体违反或不履行与投资项目有关的协议，且拒绝赔偿"，然而未对是否保障东道国政府不认可的主体违约进行说明。由于"一带一路"沿线很多国家政权更迭频繁，后一届政府信用程度不高，对前任政权的投资协议很难完全认可，甚至要废除前任政权制定的很多经济政治措施，加上当地法律制度的不完善或我国尚未与其签订双边投资保护协定，导致无法保障我国投资企业的合法权益。针对这类东道国政策因政权更迭、战乱等原因产生非正常不合理变动的风险，有些学者提出开设政策变动险的建议，对这类风险进行保障。然而，由于有些"一带一路"沿线国家政策变动的风险太大，即使开设政策变动险，也不可纳入开发性保险业务承保范围，而只应由政策性保险业务承保，为中国企业提供国家支持。当然，开发性保险业务战略支点国家的选取机制，本身就避免了东道国这类风险的产生。

此外，海外投资项目还面临东道国对投资者采取歧视性汇率而造成的风险、战争或冲突扩大的风险、恐怖主义风险、国际制裁风险、海外并购限制风险等。可以考虑明确以下几点：明确外汇险包括东道国对投资者采取歧视性汇率而造成的损失；把战争险赔付范围扩大到发生在"邻国"的战争或冲突以及民族宗教冲突或骚乱而引发的损失；增设恐怖主义险，设置针对蓄意破坏和怠工的特别保险以及针对矿业和其他自然资源投资的特别险；等等。

最后，投资者的投资形式由股权、债权扩大到更为灵活的知识产权投资或特许权投资，带来一定违约风险。海外投资保险业务承保规定中提出，可扩大合格投资者及投资范围，与我国 BIT 中的投资范畴保持一致，将承保的投资项目出资形式扩大到知识产权及特许权投资等。

（四）从项目期限维度拓宽开发性保险承保范围

从项目期限看，建议中长期项目和短期项目并举，挖掘潜在市场机会。落实《2016 年政府工作报告》中关于"实现成套设备出口融资保险应保尽保"的要求，明确国别风险可控的标准，完善中长期保险管理政策，扩大可承保的业务范围，研究降低中长期保险中本国成分的承保要求，同时适当放宽对非主权类项目需落实担保措施的要求以及对非主权类项目借款人的财务指标要求。此外，尝试将短期海外投资业务纳入海外投资保险承保范围，明确海外投资项目中的中国利益相关概念，扩大支持范围，将海外投资项目合格条件从中国出口、中国成分要求逐步扩展到中国利益要求，探索建立可界定、可操作的标准，更好地保障我国海外利益。

总之，在开发性保险这一创新机制和理念下，中国信保承保的政治风险范围应有针对性并及时响应投资者需求，承保风险用词尽量避免范围宽泛而含混不清，谨慎拓宽海外投资保险产品的承保范围，有效应对"一带一路"沿线国家和地区风险和投资挑战。

第二节　"保中"控制风险

开发性保险实际经营过程中，应重点考虑对所承担的海外风险进行近距离监控，必要时进行风险转移，也就是说，考虑在海外设立中国信保分支机构，对风险进行更加实时的密切监控，并确立多层级损失分担机制，提升风险保障水平和风险平衡能力。

一、鼓励设立海外保险分支机构

近几年来，全球经济、地缘政治、主权债务等问题使全球风险水平继续高位运行，从国家风险的视角看，大国政治经济竞争持续推进，全球债务问题依然凸显，产业链、供应链安全令人担忧，全球经济复苏困难重重，发展中国家压力进一步加大，"一带一路"建设面临更为严峻的复杂形势，需要近距离监控风险，及时采取应对措施，提高国家风险管理水平。

开发性保险业务首先在营商环境较好和投资规模较大的"一带一路"沿线国家和地区试行经营，对其提供保障的投资项目往往是国际产能和装备制造合作的重点地区并且中国利益集中，为了更好地监控风险，可以考虑支持中国信保优先在这些国家设立海外分支机构，条件成熟时可考虑设立正式的经营性机构。这样一来，便于中国信保匹配国家风险模型，根据风险程度对应海外投资保险政策，一国一策，针对"一带一路"沿线不同国家、地区的差异化保险需求，在费率匹配、准备金提取、精准承保方面提供"一揽子"综合保险解决方案，解决承保政策单一、业务风险混杂的问题。

总之，在风险较低的东道国设立中国信保海外机构，便于中国信保与国际组织、政府机构和企业建立信息共享机制，进一步发挥国别风险研究优势，助力相关企业完善风险管理体系，促进中国信保提高承保能力和风险平衡能力，更有力、更有效地发挥开发性保险职能，更好地服务国家战略。

二、确立多层级损失分担机制

海外投资保险业务往往承保海外基础设施建设、能源领域建设等大型投资项目居多，这类项目投资金额巨大，从而需要投保的保险金额也很高。针对这类风险，应确立多层级损失分担机制，以降低风险发生时对单一保障机构的冲击。多层级损失分担机制意味着有多方共同分担风险，也就是说，除了被保险人（海外投资企业）自担一定比例风险之外，开发性保险还需将承担的一部分风险转移给其他保险机构以分散风险，有些风险还需由担保机构做出担保或由风险基金承担。

（一）保险机构与被保险人共担风险

被保险人自担一定比例风险在保险领域是常见做法，在海外投资保险领域自然也不例外。例如，美国、日本、德国海外投资保险机构的最高赔付金额均为损失额的90%，加拿大、丹麦保险机构赔付比例一般为85%，其他则由被保险人自行承担。我国海外投资保险赔付比例一般应控制在85%—95%之间，其目的是增强海外投资者（被保险人）防控风险的责任感，尽力避免损失扩大。

（二）引入商业性保险机构共保或分保

在海外投资保险业务转移风险方面，原保险业务承保机构与其他保险机构共同承担风险的做法早已有之。例如，作为海外投资保险起源地的美国，无论是海外投资保险立法，还是OPIC的业务实际，都积极鼓励私人资本参与海外投资保险行业。其主流观点认为，海外投资保险的市场规模庞大，依靠国家财政支持的政策性保险机构难以满足整个市场的需要，难以最大限度防范海外投资的政治类风险，应积极引导私营保险机构以及私人资本的参与，市场合作必不可少。因此，政府通过法律形式鼓励 OPIC 接受与私人投资保险机构的业务合作，包括鼓励 OPIC 与私人保险机构开展共同保险或再保险合作。

回到我国实际来看，中国信保承担开发性保险任务的主要目的是培育市场，适时引入商业性保险机构经营海外投资保险。在目前阶段，直接引入商业性保险机构的时机尚不成熟，不能一步到位的情况下，可以考虑由中国信保在承担海外投资项目风险保障后与商业性保险机构共同为合格投资者提供海外投资保险的保险模式，即进行共同保险或再保险合作。在此基础上，探索在共同保险或再保险内部进行优劣等级划分，由中国信保为劣后级业务风险兜底，以此来控制整体业务的承保风险，提高保险资本的有效运用。这种模式既提升了中国信保自身承保能力，又为商业性保险机构提供了机会参与海外投资保险，使其在正式进入原保险业务市场之前，提前熟悉业务流程、了解相关风险。

中国信保与商业性保险机构的具体合作方式，应以"先间接合作，后直接参与"的方式推进。通常而言，面对海外风险多样化特征，投资项目受到的负面冲击较大，在对当地经济和法律环境尚未完全透彻了解的情况下，应以具有国家财政背景的中国信保作为海外投资风险保障的主导方，选择与国内有实力的商业性保险机构形成全面战略合作，创新业务保险模式，与商业性保险机构在项目不同建设环节上以共同保险或再保险方式共同推进。商业性保险机构仅覆盖一定金额内的风险，而重大风险由中国信保承担。这一机制下，商业性保险机构能够将项目风险控制在自身可承受范围内，确保项目平稳运行和收益的可预期性。中国信保则以国家财政后盾为重大风险兜底，并负责进一步分散风险，可以考虑与东道国当地政府、企业进一步加强风险联合分摊机制。例如，以东道国当地政府发行政府债券方式为该项目进行增信，并提供单独的项目保险账户，负责监管当地政府为该项目准备的储备投资基金。此外，针对汇兑限制风险等做好汇兑应急预案，通过与政府协商等方式，明确汇率兑换相关内容及风险分担，明确投资收益能够不受影响顺利汇出，确保实现投资收益。中国信保与商业性保险机构经过如此长期合作，商业性保险机构对某个项目的东道国、行业等海外投资风险有一定程度的掌控后，可以考虑逐步放开海外投资保险市场，引入商业性保险机构直接参与，此时中国信保可适当弱化自身在该项目保障中的角色或逐渐退出，投入其他项目的海外投资保险保障。

事实上，我国在为"一带一路"建设提供商业性保险服务方面进行了很多努力。2020年，成立了中国"一带一路"再保险共同体，业务范围是为中资企业参与"一带一路"建设及相关中国海外利益提供保险业务，目前，已有23家保险公司加入共同体。不过，目前该共同体只提供政治暴力险、含延期完工责任的建筑安装工程保险及附加险、含延期完工责任的工程项目货物运输保险及附加险、恐怖主义险这四个险种，还尚未覆盖海外投资保险的承保范围。"一带一路"再保险共同体应进一步拓展丰富险种种类，为中国海外利益提供稳定的承保能力和基础技术。

（三）争取多边投资担保机构（MIGA）的担保

多边投资担保机构（MIGA）的主要目标之一就是通过降低政治风险为发展中国家吸引外资，即为 MIGA 成员国在其他 MIGA 成员国投资的项目提供非商业风险（即政治风险）担保，也包括共同保险和再保险。从目前我国对外投资情况看，对外投资项目获得 MIGA 担保对保险机构的风险分散有重要意义，能够为投资项目吸引商业性保险机构的介入。本书第三章第四节提到很多中国海外投资项目难以满足 MIGA 的担保要求，随着一带一路建设的推进，我国在沿线国家和地区获得 MIGA 担保的机会不是没有可能的。

首先，截至 2022 年，与我国有投资往来的大部分发展中国家已经加入 MIGA 组织，"一带一路"沿线国家和地区中只有越南和巴勒斯坦不是 MIGA 的成员国。既然大部分"一带一路"沿线国家已经成为 MIGA 的会员国，那么就会承认提供担保的 MIGA 与投资者平等的代位求偿权，便于出险之后理赔。

其次，"一带一路"沿线国家和地区营商环境总体好转，满足 MIGA 相关要求。"一带一路"沿线国家中，除了新加坡全球营商环境排名连续位列第二外，参与排名的 59 个国家中，有 43 个国家的全球营商环境排名上升或基本没有变化[①]（表 5-3 将少数排名有较大下降的国家列在最后），因此，在多数

---

① 数据来源：世界银行 2019 年、2020 年全球营商环境报告。

东道国的政治风险没有提升的情况下，投资项目能够满足MIGA 对东道国项目所要求的担保条件，即合格东道国必须具有良好的投资条件以及对外资实行公正公平待遇的发展中国家等。

表5-3 2020 年"一带一路"沿线国家（地区）营商环境变化

国家（地区）	2020 年营商环境排名	2019 营商环境排名
新加坡	2	2
印度尼西亚	73	73
俄罗斯联邦	28	31
马来西亚	12	15
泰国	21	27
越南	70	69
巴基斯坦	108	136
哈萨克斯坦	25	28
以色列	35	49
伊朗	127	128
乌兹别克斯坦	69	76
印度	63	77
沙特阿拉伯	62	92
土耳其	33	43
伊拉克	172	171
孟加拉国	168	176
塔吉克斯坦	106	126
埃及	114	120

续表

国家（地区）	2020 年营商环境排名	2019 营商环境排名
科威特	83	97
菲律宾	95	124
格鲁吉亚	7	6
卡塔尔	77	83
也门	187	187
斯里兰卡	99	100
尼泊尔	94	110
匈牙利	52	53
塞尔维亚	44	48
克罗地亚	51	58
阿曼	68	78
约旦	75	104
乌克兰	64	71
保加利亚	61	59
黑山	50	50
巴林	43	62
爱沙尼亚	18	16
摩尔多瓦	48	47
黎巴嫩	143	142
斯洛文尼亚	37	40
波黑	90	89
北马其顿	17	18

续表

国家（地区）	2020 年营商环境排名	2019 营商环境排名
拉脱维亚	19	19
叙利亚	176	179
立陶宛	11	14
罗马尼亚	55	52
阿拉伯联合酋长国	16	11
柬埔寨	144	138
蒙古	81	74
吉尔吉斯斯坦	80	70
捷克	41	35
波兰	40	33
白俄罗斯	49	37
阿富汗	173	167
文莱	66	55
东帝汶	181	178
斯洛伐克	45	42
亚美尼亚	47	41
马尔代夫	147	139
阿塞拜疆	34	25
阿尔巴尼亚	82	63

未排名的国家有：巴勒斯坦、老挝、缅甸、土库曼斯坦、北马其顿。
数据来源：世界银行 2019 年、2020 年全球营商环境报告。

最后，随着中国政府政策支持以及中国企业对外投资经验的积累，中国对外投资项目越来越符合 MIGA 对合格投资者的要求，包括投资企业的技术能力强、投资项目对东道国有益以及对投资项目有足够的财政支持等。因此，我国应加强研究 MIGA 机构的参保规则和运行机制，要求海外投资有利于东道国和投资母国的经济发展，逐渐增加与 MIGA 机构的合作，争取 MIGA 为我国海外投资项目提供更多担保。

三、加强海外投资资讯服务

改革开放以来，中国的海外投资企业往往对东道国当地资讯了解不充分，资本无法有效参与国际运营，大量外汇储备难以发挥其应有效用，尤其是投资企业刚刚进入国际市场的时候，在项目运营初期更是存在这类信息不对称风险。在这种情况下，中国信保成立以后，在解决中国海外投资企业信息不对称问题方面进行了很多努力。从 2005 年起至今，中国信保连续发布《国家风险分析报告》[①]，研究全球 190 多个国家的投资风险，包括对其政治、经济、金融状况进行详细介绍，为我国商品、服务、资本和技术出口服务，为我国企业"走出去"提供了宏观政策指导。不过，从微观层面来看，我国企业个别项目的投资评估协助方面仍有待加强。中国信保作为政策性保险机构，同时也承担开发性保险任务，可考虑借鉴 MIGA 与

---

① 中国信保发布的 2022 年《国家风险分析报告》分为《国家风险分析报告 2022：62 个重点国家风险分析》和《国家风险分析报告 2022：全球投资风险分析、行业风险分析和全球企业破产风险分析》两册。

OPIC 的相关做法，拓展本国海外投资促进业务，如给拟投资海外的投资企业提供技术咨询和援助服务、向已投资企业提供一线专业顾问精准评估预警或控制国际风险、设立常态化的海外风险应急救助机制、提供理赔追偿及债务重组服务等综合服务措施，加强跨境交流与合作，为我国企业"走出去"建立完善的投资风险预警和应对补偿机制。

第三节 "保后"评价及反馈

虽然海外投资保险保障的是我国合格企业在国外的投资项目，但在实质上仍是我国国内政策的外部展现，因此与国内保险业务一样适用国务院和原银保监会关于保险行业的法律法规及行业规章。原银保监会颁布的《保险公司管理规定》中，明确表明监管政策并没有将海外投资保险业务排除在外，政策性保险公司和商业性保险公司受到同样的管理和监督。在"一带一路"建设持续推进和国际经济形势日趋复杂的背景下，海外投资保险业务中的政策性保险与开发性保险分别在不同东道国和不同行业项目中发挥作用，监管部门更需注重建立差异化监管机制与绩效评价机制，判断引入商业性保险机构的合适时机，即对海外投资保险业务"保障后"提供评价及反馈。此外，条件成熟时，还应严格把控商业承保机构的市场准入，有序引导市场配置资源。

一、业务审批与运营分离，建立差异化监管机制

在海外投资保险业务的审批方面，目前我国审批机构和业务机构都是中国信保公司。按照本书思路，若由中国信保公司经营开发性保险业务，其最终目的是在培育市场后退出，将商业性保险机构引入市场。然而，由一家最终会把有一定盈利可能性、市场较为成熟的业务领域转给其他机构的公司审批并经营这部分业务，可能会出现审批动力和经营动力均不足的情况。因此，可考虑推动将我国目前海外投资保险审批机构和业务机构"两者合一模式"向"两者分离模式"转变，将海外投资保险审批权单独化，明确部委与中国信保公司各自的权限范围。具体来说，可授权由商务部、财政部等部门委派代表组成的委员会负责海外投资保险业务的审批，中国信保公司则专门从事海外投资保险的具体业务经营。这样，在业务审批层面可充分发挥商务部等部委的监管作用并体现海外投资保险的官方性质，在一定程度上体现政府对海外投资的引导与调控。

此外，上一章在核心—边缘理论基础上确立了开发性保险优先发挥作用的战略支点国家，那么海外投资保险业务中的政策性保险与开发性保险将分别在不同东道国和不同行业项目中发挥作用，监管部门更需注重建立差异化监管机制与绩效评价机制。政策性保险业务不是以盈利为目的，而是以保护投资为目的，不追求政策性保险机构利益最大化，有可能失去自负盈亏的内在约束机制，政府和承保机构之间可能存在严重的委托

代理问题，而开发性保险则以保本微利为经营原则，严格管控风险，在实现整体财务平衡的基础上兼顾一定的收益目标。监管部门有必要对两者进行差异化监管，并定期对开发性保险业务的绩效进行评估，包括对承保项目规模、对外投资占比、对外投资引导作用、国家成本和风险基金盈亏状况等的评价，定期评估不同类别和风险的项目经营状况，判断引入商业性保险机构的合适时机。

二、有序引导市场配置资源、严格把控商业承保机构准入

培育保险资源市场，尊重市场配置资源的作用，需要在政策性机构和商业性机构之间实现功能分担。如前所述，发达国家的商业性保险机构可以在提供风险保障资源上发挥十分重要的作用。在市场的调节作用下，海外投资保险的一部分业务作为公共产品的面目模糊起来，作为私人产品的面目逐渐清晰，这部分业务的市场化意味着海外投资保障资源不仅依据权威分配而且更倾向于依赖市场进行分配，政府不再是海外投资保障资源的垄断性拥有者和使用者，这将极大减轻政府的财政压力。在合适的领域进行市场化运作不仅仅是西方国家的经验，也是我国深化改革的一个重要方向。《中共中央关于全面深化改革若干重大问题的决定》指出要处理好政府和市场的关系，大幅度减少政府对资源的直接配置，推动资源配置依据市场规则、市场竞争实现效益最大化和效率最优化，推动市场的资源配置作用。

作为承担开发性保险任务的中国信保，虽然有国家财政支持，但总资本额度仍然有限，无法满足沿线快速增长的投资需求，随着"一带一路"海外投资市场规模不断扩大，应适当鼓励商业性保险机构的参与，促进保险资本来源多元化发展，这在目前私营企业对外投资日益活跃的情况下显得尤为重要。根据商务部、国家统计局和国家外汇管理局联合发布的历年《中国对外直接投资统计公报》的数据，近三年私营企业对外直接投资企业数量占比逐年上升，为我国对外投资注入了鲜活的生命力。由表5-4可见，对外直接投资企业中，数量及其占比最多的主要是非国有企业，尤其是私营企业数量，近三年由7532家上升到9536家，数量占比由2019年年末的第二位上升到2021年年末的第一位，这一进展在疫情三年期间显得尤为突出。投资金额方面，在中国对外非金融类投资流量中，除2021年外，从"一带一路"倡议提出后的2014年至2020年，非公有经济控股的境内投资者对外投资金额流量均高于公有经济控股的投资者投资金额流量，从存量方面看，截止到2021年年末，两者对外投资金额存量已经接近1∶1。

表5-4　对外直接投资企业中前五类企业数量及其占比情况变化（2019—2021）

企业类型	数量（家）			数量占比		
	2019年年末	2020年年末	2021年年末	2019年年末	2020年年末	2021年年末
私营企业	7532	8323	9536	27.4%	29.9%	32.7%
有限责任公司	10554	9570	8309	38.4%	34.3%	29.1%

企业类型	数量（家）			数量占比		
	2019 年年末	2020 年年末	2021 年年末	2019 年年末	2020 年年末	2021 年年末
股份有限公司	3316	3567	3947	12.1%	12.8%	13.8%
外商投资企业	1465	1526	1602	5.3%	5.5%	5.6%
国有企业	1373	1491	1640	5.0%	5.3%	5.7%

注：其他类型企业包括港澳台商投资企业、个体经营、股份合作企业、集体企业、联营企业和其他。因数量及其占比很小，未纳入上表。

数据来源：2019 年度、2020 年度、2021 年度《中国对外直接投资统计公报》。

然而，中国信保海外合格投资者的要求较严，部分私营企业因为达不到投保要求而无法获得海外投资保险的保障。相比国有政策性保险公司而言，商业性保险机构资金更加灵活，不受国家财政资金的限制，可以在中国信保赔偿之外提供补充性保障，同时能够提供形式多样的保险服务，可以更好地覆盖企业对外投资过程中遭遇的包括政治风险在内的各类风险。因此，中国信保海外投资开发性保险业务起步并逐渐走向正轨后，可以面向商业保险公司开放，逐渐过渡到商业性保险机构参与承办的阶段，通过市场合理竞争来优化海外投资保险服务，有序引导市场资源配置。

截止到 2021 年年末，中国保险市场上的保险公司数量已达 235 家，众多商业性保险公司资本规模、业务管理水平、人才队伍等情况各不相同，必须严格把控海外投资保险市场准入机制。海外投资保险审批机构可以依托社会第三方机构对商业性保险公司的评级结果，设置一定的总资产门槛、创建年限、保险费率、承保险种、已承保项目规模、偿付能力充足率、对外投资引导作用等准入限制要求，剔除在组织结构、资产规模、信誉、专业水平等方面不符合法定要求的商业性保险机构，这样既可以保障承保机构的承保能力和偿付能力，也便于对外投资企业选择承保机构，确保我国海外投资保险市场化经营的较高起点。总之，引入商业性保险机构经营更加符合投资者利益，能够更加灵活地为投资者提供多元化险种与服务，解决在保险机构单一情况下海外投资者议价能力不足的问题。政府在放开我国海外投资保险市场，允许商业性保险公司承保海外投资保险的同时，通过加强市场监管，保障我国海外投资保险市场稳健发展。

第四节　本章小结

市场增进论认为，市场的作用是基础性的，政府的作用是补充性的，但在某个领域的市场形成之前，政府的主要作用则是要先把市场机制培育起来，有序引导市场资源配置，然后退回到补充性作用。本章就是在这一思路的基础上建立"一带一路"海外投资保险领域的开发性保险体系，在保障国家利益的前提下，架好开发性保险的支点，撬动海外投资保险市场资源。

本章以创新性的开发性保险业务经营要求为引领，从培育和完善海外投资保险市场的角度出发，建立"一带一路"海外投资开发性保险业务在保障前、保障中、保障后的开发性保险全流程方案体系及其配套措施，即从"保前"识别及选择风险、"保中"控制风险、"保后"评价及反馈这三个层面建立国家、保险机构和企业多方参与的全过程、多维度、深层次风险防控机制。从行业层面，建立健全有效工作机制，积极推动把开发性保险机制作为一项制度性安排纳入国家"一带一路"建设的总体布局之中；从保险机构层面，制定并完善参与"一带一路"建设的实施方案，对接国家战略，积极融入"一带一路"建设大局。

"保前"识别及选择风险。首先，应制定海外投资保险的专门性法律规范，并衔接双边投资保护协定（BIT）关于代位求偿权等相关内容，便于保险机构在BIT的保护下向东道国政府机构或企业发起代位求偿，以维护保险机构的合法利益；其次，选择开发性保险在"一带一路"中的战略支点国家与重点支持的行业及项目，保障那些在营商环境较好的东道国或地区投资的项目、投资于低风险行业或企业的投资项目、短期海外投资项目等，这类项目的融资和保险均体现出更多的商业性特征，经济效益较好，至少能获得保本微利，也是以后开发性保险率先退出的领域；最后，从行业、企业、项目风险类别、项目期限等方面多维度拓宽项目承保范围，及时设立环境责任保障、政府违约险精细化保障等多样化、针对性强的险种服务，努力拓宽海外投资保险业务边界，发现更多市场机会。

"保中"控制风险。首先，应考虑为了在承保后更好地监控风险，支持中国信保优先在营商环境较好的东道国设立海外分支机构，条件成熟时设立正式经营性机构，便于中国信保匹配国家风险模型，针对"一带一路"沿线不同国家、地区的差异化保险需求，一国一策，在费率匹配、准备金提取，精准承保方面提供"一揽子"综合保险解决方案，解决承保政策单一、业务风险混杂的问题。其次，应针对海外基础设施建设、能源领域建设等大型投资项目保险确立多层级损失分担机制，以降低风险发生时对单一保障机构的冲击。除了要求被保险人（海外投资企业）自担一定比例风险之外，承担开发性保险任务的中国信保还应将承担的一部分风险转移给商业性保险机构以分散风险，也为商业性保险机构提供参与市场的机会。有些风险还需争取获得 MIGA 担保，以吸引商业性保险机构的介入。最后，开发性保险的市场培育功能天然要求中国信保应提供海外投资资讯服务以降低信息不对称风险，例如，给拟投资海外的投资企业提供技术咨询和援助、向已投资企业提供一线专业顾问精准评估或控制国际风险等。

"保后"评价及反馈，则应建立差异化监管机制与绩效评价机制，还要考虑严格把控商业性保险机构的市场准入。海外投资保险业务中的政策性保险与开发性保险分别在不同东道国和不同行业项目中发挥作用，前者以保护投资为目的，不追求保险机构利益最大化，后者以保本微利为经营原则，在严格管控风险的基础上寻找引入市场机制的领域和机会。因此监管部门更需注重建立差异化监管机制与绩效评价机制，并定期对开发性保险业务的绩效进行评估，包括对承保项目规模、对外投资占比、对外投资引导作用、国家成本和风险基金盈亏状况等的评价，判断引入商业性保险机构的合适时机。此外，要严格把控海外投资保险市场准入机制，设置一定的制度监管、资金门槛、保险费率、承保险种、偿付能力充足率等准入限制要求，剔除组织机构、资产规模、信誉、专业程度等方面不符合法定要求的商业性保险机构，确保我国海外投资保险一部分业务市场化经营时专业程度较高的起点。

结束语

本书研究"一带一路"倡议下中国海外投资保险创新模式及实施路径问题。研究起点从分析中国海外投资项目风险及保障情况开始，实证考察"一带一路"沿线国家和地区国别风险、海外投资保险与 OFDI 规模联动机制，以政策性保险与商业性保险双维角度理论探讨对外投资项目保险中政策与市场的功能作用，重塑"一带一路"背景下对外投资项目海外投资保险的保险模式与实施路径，提出了以开发性保险为核心的政策性保险、开发性保险、商业性保险共同配置海外投资保险资源的"三位一体"模式，并设计了海外投资保险中的开发性保险业务在"保障前、保障中、保障后"的方案体系。

本书已突破的难点有三个：

1. 国别风险、保险经营与 OFDI 规模联动关系研究。采用我国发布的国别风险数据，运用面板数据模型研究了国别风险、海外投资保险与中国 OFDI 规模的关联性，实证检验发现，东道国国家风险对中国对该国的直接投资具有显著抑制作用，海外投资保险对中国对该国的直接投资具有显著促进作用，国家风险和海外投资保险的上述影响效应在"一带一路"沿线国家和地区尤为明显。这一结论支持了"核心—边缘"理论的发展思想，即应考虑选择核心支点国家作为优先发展海外投资保险的载体，进行海外投资保险市场增进试点，以点带面，有重点地发展海外投资保险业务，机会成熟后将资源逐渐向其他国家转移。

2. 确立了开发性保险的业务边界。开发性保险是一种以"市场增进"为核心理念和主要功能、与现代市场经济体制动态耦合的保险制度安排，在实践中，开发性保险业务可以由现有的政策性保险机构承担，也就是说，现有政策性保险机构既要承担政策性保险业务，也要承担开发性保险任务，培育市场，适当时机引入商业性保险机构。开发性保险是传统政策性保险的演进与深化，采用的市场化运作手法也与商业性保险类似，在本质上又是与政策性保险和商业性保险存在根本区别的独立保险形态。本书运用市场增进理论、核心—边缘理论研究并选择海外投资保险业务中开发性保险主要发挥作用的业务范围，主要指一般的政治风险保险，在风险较小的东道国（地区）或行业的投资项目，同样是国家重点支持领域，但出险后损失可控，这种项目的保险体现出更多的商业特征，可以有适当盈利并引入商业性保险机构积极参与海外投资保险业务，是政策性保险机构率先退出的领域。开发性保险机制的确立，可以推动"一带一路"对外投资项目的风险保障资源配置由"权力主导"向"规则主导"演进，助益海外投资保险制度的稳定、透明和可预期。

3. 开发性保险"保前、保中、保后"方案体系设计。根据"保前、保中、保后"三个阶段的业务要求对方案进行设计，在提供风险保障之前，需要建立风险防控的法律规范，在法律大框架下识别适合进行开发性保险业务经营的风险，并根据国家—行业—企业—项目的逻辑尽可能选择及扩大业务范围；对风险进行保障期间，需要考虑海外机构设置、确立以共保—分保—风险基金—财政为转移顺序的损失分担机制、提供咨询服务等，对风险进行控制；对保险业务进行事后评价及反馈，建立差异化监管及评价机制，对承保项目规模、对外投资引导作用、盈亏状况等进行监控。

本书尚存有不足之处，首先，依据核心—边缘理论筛选开发性保险战略支点国家时，只采用了对外直接投资总体情况和营商环境体系双维度指标进行筛选，下一步研究可以考虑增加几个维度指标做出筛选。其次，只筛选了最优支点国家，还应在以后研究中对次优支点国家进行筛选，满足开发性保险培育市场的梯次性要求。此外，将来若海外投资保险在"一带一路"沿线国家和地区保障的行业数据和历年利润数据可得的情况下，可以对开发性保险业务经营状况进行预测。最后，开发性保险的提出在某种程度上增加了政策的精细度，但其政策复杂度也相应升高。在公平与效率的取舍中，应该适当加以平衡。

参考文献

一、中文著作

[1] 曹荣湘. 国家风险与主权评级 [M]. 北京：社会科学文献出版社，2004.

[2] 何慎远，汪寿阳. 中国出口信用保险研究 [M]. 北京：科学出版社，2012.

[3] 李桂芳. 中国企业对外直接投资分析报告 [M]. 北京：中国经济出版社，2008.

[4] 杨学进. 出口信用保险国家风险评价：理论、方法、实证 [M]. 北京：经济科学出版社，2004.

[5] 叶蜀君. 信用风险的博弈分析与度量模型 [M]. 北京：中国经济出版社，2008.

[6] 张维迎. 博弈论与信息经济学 [M]. 上海：上海三联书店，上海人民出版社，2004.

二、中文期刊

[1] 白钦先，王伟. 政策性金融可持续发展必须实现"六大协调均衡"[J]. 金融研究，2004（7）.

[2] 包卿，陈雄. 核心——边缘理论的应用和发展新范式[J]. 经济论坛，2006（8）.

[3] 财政部科研所课题组. 放松管制 开拓市场 增进效率：提高自然垄断行业国有经济运行效率的研究 [J]. 财政研究，2001（3）.

[4] 陈璟菁. 美、日、德三国海外投资保险法律制度比较研究：兼论建立我国海外投资保险法律制度的设想 [J]. 国际贸易问题，2000（3）.

[5] 陈松，刘海云. 东道国治理水平对中国对外直接投资区位选择的影响：基于面板数据模型的实证研究 [J]. 经济与管理研究，2012（6）.

[6] 陈元. 发挥开发性金融作用 促进中国经济社会可持续发展 [J]. 管理世界，2004（7）.

[7] 陈元. 以开发性金融服务走出去战略 [J]. 中国金融，2011（23）.

[8] 仇娟东，葛立方，陈军梅. 共建"一带一路"倡议带动了沿线经济体保险业的发展吗?：基于PSM-DID方法的实证分析 [J]. 现代财经（天津财经大学学报），2020，40（2）.

［9］崔兵.地方政府在金融发展中的正向作用：理论与中国经验［J］.武汉金融，2012（9）.

［10］付才辉.有效市场与有为政府的辩证关系［J］.审计观察，2017（3）.

［11］高建勋，莫建建.论"一带一路"战略下我国海外投资保险制度的完善［J］.合肥工业大学学报（社会科学版），2017，31（2）.

［12］高羚."一带一路"战略下中国互联网海外投资保险研究［J］.上海保险，2017（8）.

［13］耿伟，李亚楠.东道国不确定性与中国ODI二元边际：兼论营商环境的调节效应［J］.世界经济研究，2020（4）.

［14］郭玲."一带一路"背景下我国海外投资保险制度的立法构想［J］.西南金融，2019（8）.

［15］国家开发银行课题组.融合"一带一路"国际投融资规则的政策再思考［J］.开发性金融研究，2021（6）.

［16］何小伟.政府干预巨灾保险市场的研究述评［J］.保险研究，2009（12）.

［17］黄俊星，韩清明.我国海外投资保险现状及若干理论问题探讨［J］.上海保险，2010（7）.

［18］黄先海，宋学印.赋能型政府：新一代政府和市场关系的理论建构［J］.管理世界，2021，37（11）.

［19］黄英君.我国农业保险发展的市场运行机制研究

[J]. 保险研究, 2009 (11).

[20] 贾康, 孟艳. 政策性金融的体系、定位及其边界主张 [J]. 改革, 2009 (3).

[21] 姜丽群, 张新蕾, 黄江英. 双边政治关系、投资动机与对外直接投资: 基于 12 个主要交易国面板数据的实证研究 [J]. 哈尔滨商业大学学报 (社会科学版), 2020 (5).

[22] 姜美玲. "适应性管理"与海外投资保险法律制度建构 [J]. 山东社会科学, 2021 (1).

[23] 金振毅. 新冠疫情下中国保险业如何更好地服务"一带一路"对外承包工程 [J]. 中国保险, 2022 (3).

[24] 黎绍凯, 张广来, 张杨勋. 东道国投资风险、国家距离与我国 OFDI 布局选择: 基于"一带一路"沿线国家的经验证据 [J]. 商业研究, 2018 (12).

[25] 李丹, 张胜男. 改革开放 40 年来我国农业保险发展历程及展望 [J]. 农业经济与管理, 2019 (1).

[26] 李惠茹, 蒋俊. 中国对外直接投资的政策演变与效果实证 [J]. 河北大学学报 (哲学社会科学版), 2019, 44 (6).

[27] 李楠, 张璞. 开发性金融理论研究——基于市场增进与最优制度安排的动态一致性 [M]. 金融教学与研究, 2015 (4).

[28] 李琪. 对"金融约束论"的反思 [J]. 金融理论与实践, 2004 (11).

［29］李全庆，陈利根．巨灾保险：内涵、市场失灵、政府救济与现实选择［J］．经济问题，2008（9）．

［30］李伟群，方乐．双循环新发展格局下海外投资政治风险及防范：以海外投资保险制度为切入口［J］．南方金融，2021（9）．

［31］李文中．"一带一路"战略背景下我国海外投资保险的发展［J］．中国保险，2016（6）．

［32］李志辉，王永伟．开发性金融理论问题研究：弥补政策性金融的开发性金融［J］．南开经济研究，2008（4）．

［33］刘红霞．中国境外投资风险及其防范研究［J］．中央财经大学学报，2006（3）．

［34］刘笑晨．中国海外投资保险法律制度研究：基于"一带一路"倡议和全球治理理论视角［J］．财经问题研究，2018（4）．

［35］刘亚军．"一带一路"海外投资保险法律制度重构［J］．社会科学辑刊，2021（1）．

［36］罗云开．政策性金融与开发性金融若干问题研究［J］．国际经济合作，2018（9）．

［37］吕冰洋．"国家治理财政论"：从公共物品到公共秩序［J］．财贸经济，2018，39（6）．

［38］马勇，陈雨露．金融发展中的政府与市场关系："国家禀赋"与有效边界［J］．财贸经济，2014（3）．

［39］毛勤晶，卓志．出口信用保险对一般贸易的影响研

究 [J]. 保险研究, 2020 (1).

[40] 慕刘伟, 王晓坤. 海外投资保险: 机理、环境与对策 [J]. 财经科学, 2004 (3).

[41] 裴长洪, 杨志远. 提高吸引外商投资水平的再思考 [J]. 国际贸易, 2012 (9).

[42] 皮天雷, 郝郎. 金融发展的"中国模式"探析: 基于"中国之谜"与制度变迁的视角 [J]. 财经科学, 2011 (9).

[43] 平力群. 日本政府促进风险投资发展的市场增进性制度安排 [J]. 亚太经济, 2011 (2).

[44] 青木昌彦, 凯文·穆尔多克, 奥野 (藤原) 正宽, 等. 东亚经济发展中政府作用的新诠释: 市场增进论 (下篇) [J]. 经济社会体制比较, 1996 (6).

[45] 青木昌彦, 凯文·穆尔多克, 奥野 (藤原) 正宽, 等. 东亚经济发展中政府作用的新诠释: 市场增进论 (上篇) [J]. 经济社会体制比较, 1996 (5).

[46] 孙蕾. 美国海外投资保险制度的实施与发展 [J]. 国际经济法学刊, 2010, 17 (4).

[47] 孙祁祥, 郑伟, 锁凌燕, 等. 市场经济对保险业发展的影响: 理论分析与经验证据 [J]. 金融研究, 2010 (2).

[48] 孙祁祥, 锁凌燕, 郑伟. "一带一路"与新型全球化: 风险及应对 [J]. 中共中央党校学报, 2017, 21 (6).

[49] 孙祁祥, 锁凌燕, 郑伟, 等. 改革开放 30 年: 保险

业的嬗变及发展路径的审视［J］. 财贸经济, 2009（2）.

［50］唐朱昌, 杨特. 试论政府在经济转型和改革过程中的作用: 中、俄、印三国之比较分析［J］. 世界经济研究, 2007（3）.

［51］陶斌智, 陈丽平. 投资、风险与保护专题研究: 政策性海外投资保险制度的国际比较［J］. 河南社会科学, 2015（9）.

［52］陶立峰. 我国海外投资保险业务分析探讨［J］. 特区经济, 2007（5）.

［53］庹国柱, 王国军, 朱俊生.《农业保险条例》的历史作用与修订建议［J］. 中国保险, 2022（7）.

［54］汪炜, 乔桂明, 胡聘来."一带一路"沿线国家直接投资对中国经济的拉动效应: 基于东道国国家风险视角［J］. 财经问题研究, 2022（11）.

［55］王东. 服务共建"一带一路"彰显保险业价值［J］. 中国保险, 2018（3）.

［56］王国军, 王德宝. 我国出口信用保险对出口贸易的促进作用研究: 基于引力模型的多层次、多方式实证分析［J］. 保险研究, 2014（6）.

［57］王国军, 王德宝. 我国海外投资保险制度优化研究: 基于政治风险防控的视角［J］. 金融与经济, 2016（6）.

［58］王国军. 保险业与"一带一路"［J］. 中国保险, 2022（3）.

[59] 王和."一带一路"保险服务与管理 [J].中国金融,2017 (9).

[60] 王金凤,赵国新.农业保险制度设计中政府的市场增进功能研究 [J].发展研究,2011 (1).

[61] 王军杰,石林.论"一带一路"框架下我国海外投资保险制度的完善与重构 [J].财经理论与实践,2019,40 (1).

[62] 王淑敏."数字丝绸之路"视阈下中国海外投资保险法律问题研究 [J].武大国际法评论,2022,6 (3).

[63] 王伟,郑斯文,杨子剑.日本出口信用保险与 NEXI 最新进展 [J].武汉金融,2016 (3).

[64] 王稳,陈宇旺,张阳,等.企业海外投资风险、结构性融资与出口信用保险 [J].保险研究,2022 (8).

[65] 王晓坤,查媛,方旭.政策性海外投资保险制度之辩:关于美国 OPIC 的讨论及对我国启示 [J].国际金融研究,2004 (12).

[66] 王雅婷,强晓楠,吴柳漪."一带一路"倡议对我国地区保费收入影响的差异性研究 [J].投资与合作,2023 (4).

[67] 王雅婷.我国出口信用保险业市场化问题探讨:一个产业组织的视角 [J].金融与经济,2009 (10).

[68] 魏巧琴.中国出口信用保险政策效应及其地区差异性研究 [J].保险研究,2017 (3).

［69］吴洪，赵桂芹.保险发展、金融协同和经济增长：基于省级面板数据的研究［J］.经济科学，2010（3）.

［70］项本武.东道国特征与中国对外直接投资的实证研究［J］.数量经济技术经济研究，2009，26（7）.

［71］肖梦.以市场增进论定位政府的角色：专访美国斯坦福大学青木昌彦教授［J］.改革，1996（6）.

［72］闫帅.国家风险、海外投资保险与中国对外直接投资［J］.保险研究，2022（5）.

［73］严艳，鲁越.共建"一带一路"倡议对沿线国家保险业增长的促进作用研究［J］.保险研究，2019（12）.

［74］杨文龙，杜德斌，游小珺，等.世界跨国投资网络结构演化及复杂性研究［J］.地理科学，2017，37（9）.

［75］杨志学.经济增长与集聚研究：一个文献综述［J］.特区经济，2013（5）.

［76］张冀.非公开信息与中国出口信用保险：一个多维视角［J］.财经论丛，2010（4）.

［77］张杰，谢晓雪.政府的市场增进功能与金融发展的"中国模式"［J］.金融研究，2008（11）.

［78］张丽莎."一带一路"背景下我国企业海外投资的增长与我国海外投资保险制度的完善［J］.法制博览，2020（28）.

［79］张鹏飞，黄烨菁.中国企业参与"一带一路"基础设施建设PPP合作模式的影响因素研究：以亚洲发展中国家

为合作对象的分析 [J]. 新金融, 2019 (1).

[80] 张雅宁, 郭金龙. 我国海外投资保险制度的短板与应对 [J]. 银行家, 2020 (7).

[81] 赵金丽, 张落成. 基于"核心—边缘"理论的泛长三角制造业产业转移 [J]. 中国科学院大学学报, 2015, 32 (3).

[82] 周春."一带一路"背景下海外投资保险制度优化研究: 基于承保主体范围的思考 [J]. 北方经贸, 2018 (12).

[83] 周玉坤. 我国出口信用保险的发展进程 [J]. 保险研究, 2019 (1).

[84] 朱虹. 保险资金参与共建"一带一路"领域布局的背景、趋势与优化策略 [J]. 金融理论与实践, 2020 (4)

[85] 朱兰亭, 杨蓉. 东道国国家风险对中国在"一带一路"沿线国家直接投资的影响研究 [J]. 投资研究, 2019, 38 (6).

[86] 自然, 胡浩."市场增进论"对我国中小企业信用担保体系建设的启示 [J]. 财经科学, 2004 (S1).

三、其他

[1] 专访中国信保董事长王毅: 力保"一带一路"究竟难在哪? [EB/OL]. 新华网, 2016-04-27.

[2] 宋宇扬. 海外投资保险制度中代位求偿权研究 [D].

南昌：南昌大学，2021．

[3] 王德宝．政策性出口信用保险功能的理论及实证研究：兼论中国政策性出口信用保险改革与发展 [D]．北京：对外经济贸易大学，2017．

[4] 王一名．"一带一路"战略背景下我国海外投资保险发展研究 [D]．沈阳：辽宁大学，2019．

[5] 王玉玲．"一带一路"倡议下我国对外投资保险之完善 [C] //《上海法学研究》集刊（2021 年第 7 卷总第 49 卷）：上海市法学会国家安全法治研究小组文集．苏州：苏州大学王健法学院，2021．

四、英文著作

[1] ABRAHAM F. The Effects on Intra-Community Competition of Export Subsidies to Third Countries：The Case of Export Credits，Export Insurance and Official Development Assistance [M]．Luxembourg：Office for Official Publications of the European Communities，1990．

[2] Great Britain：Dept of Trade and Industry，National Economic Research Associates，Great Britain：Export Credits Guarantee Department. The Economic Rationale for the Public Provision of Export Credit Insurance by ECGD [M]．London：National Economic Research Associates，2000．

[3] LEWIS C M, MURDOCK K C. Alternative Means of Re-distributing Catastrophic Risk in a National Risk Management System: The Financing of Catastrophe Risk [M]. Chicago: University of Chicago Press, 1999.

[4] Nagy. Country Risk: How to Assess, Quantify and Monitor It. [M]. London: Euromoney Publications, 1979.

[5] RIENSTRA-MUNNICHA P. The Trade Effect of Export Credit Guarantees and Insurance [M]. Canada: University of Guelph, 2004.

五、英文期刊

[1] ABRAHAM F, DEWITT G. Export promotion via official export insurance [J]. Open Economics Review, 2000, 11 (1).

[2] ALDERDICE P, HORWICH H, FELDMAN R D. Risk finance for project finance: The expanding horizon of credit enhancement [J]. The Journal of Structured Finance, 2001, 6 (4).

[3] GARCIA-ALONSO M D C, LEVINE P, MORGA A M. Export credit guarantees, moral hazard and exports quality [J]. Bulletin of Economic Research, 2004, 56 (4).

[4] ALSEM K J. Insurability of export credit risk [J]. The World Economy, 2006 (31).

［5］ANDERSON J E, WINCOOP E V. Gravity with gravitas: A solution to the border puzzle ［J］. American Economic Review, 2003, 93 (1).

［6］ANDERSONE E, BOGDANOVA O. Export credit guarantees in developing business environment of the European Economic Area ［J］. Procedia-Social and Behavioral Sciences , 2014, 156 (26).

［7］ARROW K J. Insurance, risk and resource allocation ［J］. Springer Netherlands, 1992, 14.

［8］ASIEDU E, JIN Y, NANDWA B. Does foreign aid mitigate the adverse effect of expropriation risk on foreign direct investment? ［J］. Journal of International Economics, 2009, 78 (2).

［9］AUBOIN M, ENGEMANN M. Testing the trade credit and trade link: Evidence from data on export credit insurance ［J］. Review of World Economics, 2014, 150 (4).

［10］BADINGER H, URL T. Export credit guarantees and export performance: Evidence from Austrian firm-level data ⌊J⌋. World Economy, 2013, 36 (9).

［11］BALDWIN R E. The causes of regionalism ［J］. World Economy, 1997, 20 (7)

［12］BALTENSPERGER E, HERGER N. Exporting against risk? Theory and evidence from public export insurance schemes in OECD countries ［J］. Open Economics Review, 2009, 20 (4).

［13］ BENITAH M U S. Agricultural export credits after the WTO Cotton Ruling: The law of unintended consequences ［J］. The Estey Centre Journal of International Law and Trade Policy, 2005, 6 (2).

［14］ BERNARD A B, JENSEN J B. Why some firms export? ［J］. The Review of Economics and Statistics, 2001 (2).

［15］ BRAUN A, FISCHER M. Determinants of the demand for political risk insurance: Evidence from an international survey ［J］. The Geneva Papers on Risk and Insurance Issues and Practice, 2018, 43 (3).

［16］ CARRANZA L, DAUDE C, MELGUIZO A. Public infrastructure investment and fiscal sustainability in Latin America: incompatible goals? ［J］. Journal of Economic Studies, 2014, 41 (1).

［17］ CHANEY T. Distorted Gravity: The intensive and extensive margin of international trade ［J］. The Amecican Economic Review, 2008, 98 (4).

［18］ DAMODARAN A. Equity risk premiums (ERP): Determinants, estimation and implications ［J］. Stern School of Business, 2010 (2).

［19］ VAN DER VEER K J M. Loss Shocks in export credit insurance markets: Evidence from a global insurance group ［J］. Journal of Risk and Insurance, 2019, 86 (1).

［20］ DEWIT G. Intervention in risky export markets: Insurance, strategic action or aid? [J]. European Journal of Political Economy, 2001, 17 (3).

[21] EGGER P, URL T. Public export credit guarantees and foreign trade structure: Evidence from Austria [J]. World Economy, 2006 (4).

[22] ETHEL B D. British export credit insurance [J]. The American Economic Review, 1935 (2).

[23] ETHIER W J. The new regionalism [J]. The Economic Journal, 1998, 108 (449).

[24] FECHT F, GRUNER H P, HARTMANN P. Financial integration, specialization and systemic risk [J]. Journal of International Economics, 2012, 88 (1).

[25] FELBERMAYR G J, YALCIN E. Export credit guarantees and export performance: An empirical analysis for Germany [J]. World Economy, 2013, 36 (8).

[26] FITZGERALD B, MONSON T. Preferential credit and insurance as means to promote exports [J]. The World Bank Research Observer, 1989 (4).

[27] FORD J L, MPUKU H C, PATTANAIK P K. Revenue risks, insurance, and the behavior of competitive firms [J]. Journal of Economics, 1996 (3).

[28] FUNATSU H. Export Credit Insurance [J]. The journal of risk and insurance, 1986 (4).

[29] GALVAO D. Political Risk Insurance: Project finance perspectives and new developments [J]. The Journal of Structured Finance, 2001, 7 (2).

[30] DEWITT G. Intervention in risky export markets: Insurance, strategic action or aid? [J]. European Journal of Political Economy, 2001 (17).

[31] GREENE M R. Export Credit Insurance: Its role in expanding world trade [J]. The Journal of Risk and Insurance, 1965 (2).

[32] GUADAGNOLI L G, The role of medium-term export credit guarantees and insurance in financing foreign trade [J]. Southern Economic Journal, 1986, 34 (4).

[33] HANSEN B E. Threshold effects in non-dynamic panels: estimation, testing and inference [J]. Journal of Econometrics, 1999, 93 (2).

[34] HUSZAGH S M, GREENE M R. How exporters view credit risk and FCIA insurance: The Georgia experience [J]. The Journal of Risk and Insurance, 1985 (1).

[35] HYBERG B, SMITH M, SKULLY D, et al. Export credit guarantees: The commodity credit corporation and US agricultural export policy [J]. Food Policy, 1995 (1).

[36] GORDON K. Investment guarantees and political risk insurance: Institutions, incentives and development [J]. OECD In-

vestment Policy Perspectives, 2009 (2).

[37] YOU K, SOLOMON O H. China's outward foreign direct investment and domestic investment: An industrial level analysis [J]. China Economy Review, 2015, 34 (C).

[38] KOFFS L S. Going All In: The gamble of globalization and european Economic integration [J]. Pepperdine Policy Review, 2008, 1 (1).

[39] KOLSTAD I, WIIG A. What determines Chinese outward FDI? [J]. Journal of World Business, 2012 (1).

[40] KRISHNA P. Regionalism and multilateralism: A political economy approach [J]. The Quarterly Journal of Economics, 1998, 113 (1).

[41] KRUGMAN P. Increasing returns, imperfect competition and the positive theory of international trade [J]. Handbook of International Economics, 1995, 3 (3).

[42] KRUGMAN P. Scale economies, product differentiation and the pattern of trade [J]. The American Economic Review, 1980, 70 (5).

[43] KRUGMAN P. The new economic geography, now middle-aged [J]. Regional Studies, 2011, 45 (1).

[44] SORICH L, MILLER M J, SCHNEIDER R. Give us some credit: The use of credit information in insurance underwriting and rating [J]. Risk Management and Insurance Review, 2005, 8

(1).

［45］ MACLEOD G. New regionalism reconsidered：Globalization and the remaking of political economic space ［J］. International Journal of Urban and Regional Research，2001，25 （4）.

［46］ MAH J S. The effect of export insurance subsidy on export supply：The experience of Japan ［J］. Journal of Asian Economics，2006，17 （4）.

［47］ STEPHENS M. The changing role of export credit agencies ［M］. Washington DC：IMF，1999.

［48］ MCCALLUM J. National borders matter：Canada – u. s. regional trade patterns ［J］. American Economic Review，1995，85 （3）.

［49］ MELITZ M. The impact of trade on intra-industry reallocations and aggregate industry productivity ［J］. Econometric，2003，71 （6）.

［50］ MOSER C，NESTMANN T，WEDOW M. Political risk and export promotion：Evidence from Germany ［J］. The World Economy，2008，31 （6）.

［51］ PAOLA C，SAPIR A，ZANARDI M. The internationalization process of firms：From exports to FDI ［J］. Journal of International Economics，2016，99.

［52］ RIENSTRA-MUNNICHA P，TURVEY C. The relationship between exports，credit risk and credit guarantees ［J］. Canadian Journal of Agricultural Economics, 2002, 50 (3).

[53] PRADHAN J P, ZOHAIR M, ALAGAWADI M V. Regional polices, firm characteristics and exporting in the Indian state of Karanataka [J]. Foreign Trade Review, 2013, 48 (1).

[54] QUER D, CLAVER E, RIENDA L. Political risk, cultural distance and outward foreign direct investment: Empirical evidence from large Chinese firms [J]. Asia Pacific Journal of Management, 2011, 29 (4).

[55] RIENSTRA-MUNNICHA P, SELASSIE H, TURVEY C. An analysis of welfare effects of export credit insurance and guarantees on the exporting and importing countries [J]. International Journal of Business and Economics Perspectives, 2013, 8 (2).

[56] RIESTRA A S J. Credit insurance in europe: Impact, measurement and policy recommumendations [J]. Credit Insurance in Europe Impact, 2003 (60).

[57] SAZANAMI Y. Globalization and regionalization: Japanese multinational enterprises in the Asia-Pacific [J]. Journal of Asian Economics, 1997, 8 (1).

[58] SCHICH S T. An option-pricing approach to the costs of export credit insurance [J]. The Geneva Papers on Risk and Insurance Theory, 1997, 22 (1).

[59] SCOTT A J. Regional motors of the global economy [J]. Futures, 1996, 28 (5).

［60］ Stentzel D. Export credit insurance：A comparison ［J］. Intereconomics，1972（1）.

［61］ VAN DER VEER K J M. The private credit insurance effect on trade ［J］. Journal of Risk and Insurance，2015，82（3）.